Tante Emmas Erben

ff publishers

Tante Emmas Erben

Chris van Uffelen

Architektur und Raumgestaltung
Deutschland
Österreich
Schweiz
Südtirol
Luxemburg

Markthallen
Obst- und Gemüseläden
Bäckereien
Supermärkte
Metzgereien
Reformhäuser
Lebensmitteleinzelhändler
Stadtteilzentren

ff publishers

Inhaltsverzeichnis

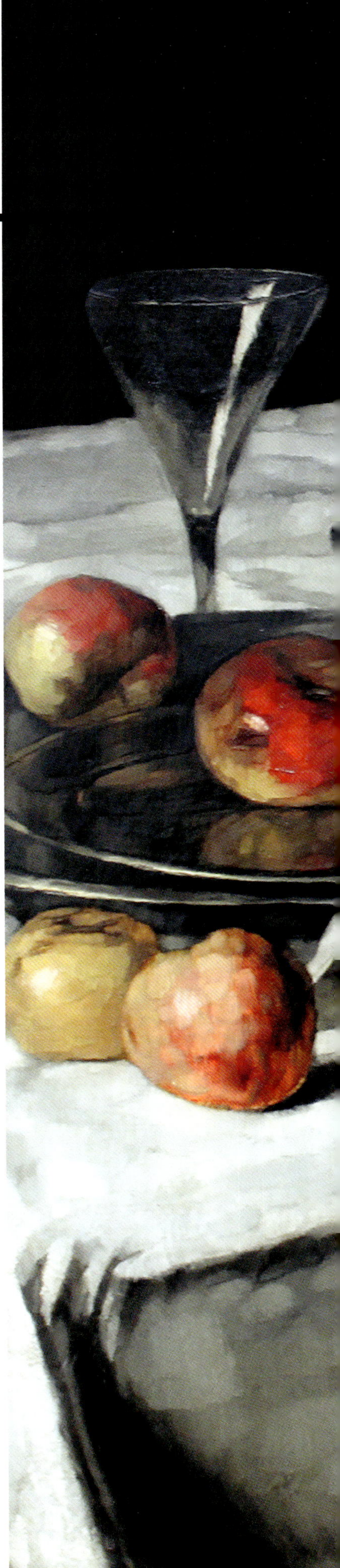

Nur mal schnell zum ...

Bauten der Nahversorgung

... Bäcker", "... Metzger" oder "... Markt". Wer hat diesen Satz noch nicht gesagt oder gehört. Der Einkauf ist ein zentraler Bestandteil des täglichen Leben – und nicht nur, weil er oft nötig ist, sondern auch, weil er Teil des sozialen Lebens ist – was man gerade auch in Zeiten bemerkt, in denen er nicht möglich ist. Hier trifft man nicht nur Gleichgesinnte, die ebenfalls gerade Mittagspause machen oder Feierabend haben, sondern auch die Nachbarin, die man schon lange das ein oder andere fragen wollte, die Bäckersfrau, die Neues zu berichten hat oder den Metzgermeister, mit dem man Tagespolitik erörtert. Von fachkundigem Personal wird man im Supermarkt auf neue Produkte und Angebote hingewiesen, im Reformhaus entdeckt man unbekannte Speisen, die frischen Wind in die Küche bringen. Die Geschäfte der Lebensmittelnahversorgung sind ein wichtiger Bestandteil unseres Alltags.

Dabei ist räumliche Nähe eines der Hauptkriterien, denn all dies findet in Megamalls, die fernab zwischen den Siedlungszentren liegen, weitaus weniger statt. Aber abgesehen von Nähe, Produktqualität, Beratungskompetenz und Freundlichkeit ist das räumliche Ambiente ein weiterer ausschlaggebender Faktor, der bestimmt, zu welchem Metzger oder Gemüsehändler sich der Kunde begibt. So ist eine durchdachte und individuelle Gestaltung ein durchaus bedeutender Faktor der Absatzförderung: „Hier fühl ich mich wohl – hier verbringe ich noch etwas mehr Zeit. Was brauche ich denn sonst noch?"

Nachdem Mitte der 1970er-Jahre immer mehr althergebrachte Tante-Emma-Läden schließen mussten, ist dieser Trend inzwischen längst gestoppt. Wo immer mehr Menschen wohnen und das Auto immer unbeliebter wird, erleben Nahversorger eine Renaissance. Auch das gestiegene Bewusstsein für Qualität und Bedeutung von Ernährung trägt hierzu bei. Statt für hunderte Euros auf der dann auch nicht mehr so wirklich grünen Wiese den Kofferraum mit Konserven vollzuladen, wird wieder frischer, tagesaktueller und auch persönlicher eingekauft. Persönlicher gilt in beide Richtungen, denn nicht nur der Kunde kennt die Kassiererin im Stadtteilsupermarkt, auch der Verkäufer kennt seine Kundschaft weit genauer als durch abstrakte Ab- und Umsatzcharts. Er weiß, was in seinem Viertel gefragt ist, welchen Wein er wann vorrätig haben

ASSOCIATION DE SOLIDARITE DES SOUKS S
من أجل أسواق بدون دراجات

Seite 9 Souks in Marrakesch.

2 Eine sogenannte Brotbank, eine Bäckerei mit Fensterverkauf aus dem Tacuinum sanitatis in der Biblioteca Casanatense, Rom, 14. Jahrhundert.

3 Frans Snyders: Fischhändler, 1618–1621, Ölfarbe / Leinwand, 209 × 341 cm, Eremitage Museum, St. Petersburg.

4 Job Adriaenszoon Berckheyde: Selbstbildnis als Bäcker, ca. 1681, Ölfarbe / Leinwand, 63 × 53 cm, Worchester Art Museum.

5 Victor Baltard und Félix Callet: Les Halles, Paris, 1858.

6 Hermann Blankenstein: Markthalle V am Magdeburger Platz, Berlin, 1888.

2

3

4

5

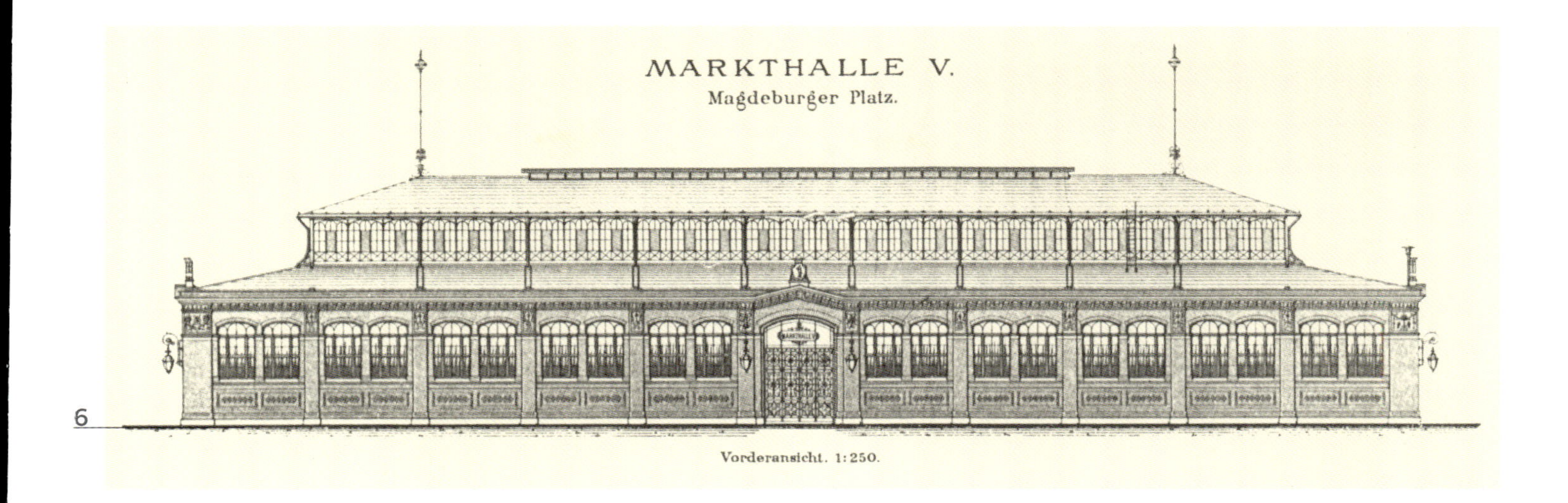

6

sollte, weshalb wer welchen Kuchen kauft und wann wie viel gegrillt wird.

Lebensmitteleinzelhändler und Stadtteilmärkte dienen aber nicht allein der Versorgung mit Produkten des alltäglichen Bedarfs. Durch Cafés und bewusste Gestaltung des sie umgebenden Stadtraums sind sie aber auch zu Adressen gezielter Zusammenkünfte geworden. Völlig zurecht sehen sie sich nicht nur in Bezug auf die Lebensmittelversorgung als Erbe des traditionellen Marktplatzes, sie übernehmen auch dessen Funktion als kommunikative Schnittstelle. Dabei tragen sie mit Terrassen auf denen Café angeboten wird, oder mit Stehtischen zum Verzehr von Speisen erheblich zur Qualität des öffentlichen Raums bei. Gleichzeitig lösen sie auch die Grenzen zwischen Produktion und Vertrieb, sowie Verarbeitung und Konsum der Lebensmittel auf.

Eine räumliche Trennung von Produktion und Vertrieb begann bereits in der Antike mit der offenen griechischen Agora und der geschlossenen römischen Basilika. Sie waren die Vorläufer unserer heutigen Marktplätze bzw. der Markthallen, wie sie insbesondere im 19. Jahrhundert aus hygienischen Gründen errichtet wurden. Gleichzeitig bestand der Verkauf direkt vor der Produktionsstätte – ursprünglich beispielsweise am Fenster einer Backstube im Erdgeschoss eines Wohnhauses – über Mittelalter und Neuzeit hinweg weiter fort. Aus diesen Verkaufsstellen entwickelten sich die Lebensmitteleinzelhändler, während die Supermärkte bautypologisch eher als (mehr oder weniger) geschrumpfte Markthallen zu verstehen sind, bei denen ein zentraler Kassenvorgang die vielen Einzeleinkäufe abgelöst hat. Wirtschaftlich sind es natürlich vielmehr Tante Emmaläden, die enorm gewachsen sind.

Die künstliche Beleuchtung spielt bei der Gestaltung und Wahrnehmung von Supermärkten eine gewichtige Rolle. Inzwischen wird diese aber ebenfalls zunehmend durch Tageslicht ergänzt. Zeitweise waren sie – in Nachfolge der Kaufhäuser in der Zeit nach dem Zweiten Weltkrieg – nahezu völlig geschlossen, um eine gezielte Licht- und somit Kundenführung zu ermöglichen. Tageslicht war hier nur noch ein Akzent oder Wegweiser zum Kassenbereich. Aber inzwischen finden sich auch in großen Märkten immer öfter an mehreren Seiten große Fenster oder ist der Einfall natürlichen Lichts durch die Decke gewährleistet. Diese Umgestal-

7 | 8

tung – der Kunden wünscht Tageslicht – brauchten die kleinen Obstläden und Bäcker nicht mitzumachen, da hier das natürliche Licht nie verdrängt worden war. Bei ihnen wurde Kunstlicht lange nur genutzt, um Waren möglichst vorteilhaft auszuleuchten. Heute wird es auch bei ihnen verstärkt eingesetzt, um unterschiedliche Szenarien zu schaffen, in denen Warengruppen verschieden charakterisiert werden, oder um Bereichen des Ladens unterschiedliche Funktionen zuzuordnen. Ein Stehtisch verlangt anderes Licht als die Auslage, die Sitzecke soll gemütlicher sein als die einsehbare Produktion. Diese verschiedenen Raumbereiche auf engstem Raum in einem übergreifenden Konzept zu fassen ist eine der vorrangigen Anliegen der hier vorgestellten Projekte – sei es in der kleinen Metzgerei oder dem großen Vollsortimenter.

Dies geschieht natürlich nicht allein durch Licht, sondern auch durch Möblierung, Dekoration, Freiräume und Wegführungen. Zonen, die sich voneinander unterscheiden, werden quasi als Bühnen unterschiedlichster Inszenierungen geschaffen, bieten Ein- und Ausblicke. Dabei muss sich die Innenraumgestaltung oftmals mit vorhandener Architektur arrangieren. Bei neu geschaffene Bauten werden die künftigen Bereiche und Plattformen gleich gedacht oder aber es wird ein leerer Bühnenraum geschaffen, auf dem sich die verschiedensten Inszenierungen realisieren lassen. Aber selbst die

9

7 Hermann Blankenstein: Centralmarkthalle am Alexanderplatz, Berlin, 1883–1886.

8 Gußeiserne Fassaden, hier in New York,machten auch für kleine Geschäfte große Schaufenster realisierbar. (Foto: Paul Sableman, Wikimedia Commons, CC-2.0-BY).

9 Broek en Bakema: Die Nachkriegsgeschäftsstraße Lijnbaan in Rotterdam, 1953 (Wikifrits, Wikimedia Commons, CC-0).

10 Pierre-François-Léonard Fontaine: Galeries de Bois du Palais-Royal, Paris, 1784 eröffnetes Einkaufszentrum.

11 Hannes Meyer: Städtebaulich interpretierte Vitrine der Schweizerischer Konsumgenossenschaften, 1924.

10

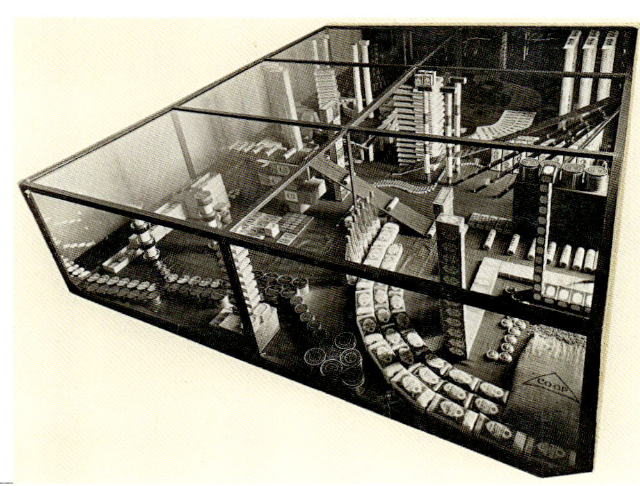

11

einfachste „überdachte Freifläche" prägt immer die künftige Raumwahrnehmung in Proportion, Raumöffnung und Detailformulierungen. Zudem legt sie schon durch die gebaute Infrastruktur – Warenanlieferung, Backoffice, Kundentoiletten, etc. – sowie die Nutzung des Baugrunds entscheidende Parameter fest. Hinzu kommt die stilistische Ausprägung der Fassaden, die dem künftigen Nutzer bereits ein Image verleiht, sowie die Gestaltung des Freiraumes, die das Geschäft im Stadtbild anbindet.

Die Nahversorger dieses Buchs zeigen vielfältige zeitgemäße Lösungen, die unseren Alltag beeinflussen und die Wahrnehmung unserer Umwelt entscheidend prägen.

Wilhelm Claesz Heda

Frühstück mit Krabbe, 1648, Ölfarbe auf Leinwand, 118 × 118 cm, Eremitage, St. Petersburg

Denn's Biomarkt

Kassel (D)

Auftraggeber: Aachener Grundvermögen Kapitalverwaltungsgesellschaft mbH
BGF: 1.545 m²; 2014

In den Räumen des ehemaligen Kaskade Kinos in Kassel befindet sich heute Denn's Biomarkt, in dem sich Zukunft und Vergangenheit die Hände reichen. Ziel der Architekten war es, eine angenehme Einkaufsatmosphäre zu schaffen und den Charme des einstigen Kinos dabei zu bewahren.

Der zur Leinwand abfallende, hörsaalähnliche Kinosaal wurde durch einen ebenen Boden begradigt. Dort können nun Kunden mit ihren Einkaufswägen umherrollen und nebenbei Einblicke in das alte Kino erlangen.

Die Aussparungen im Boden des Kinos geben den Blick auf Kinosessel und die technische Ausstattung der ehemaligen Nutzung als Lichtspielhaus frei. Die Verkaufsfläche wird mit LED-Strahlern beleuchtet, welche von frei gespannten Strahlern gehalten werden.

1

Michael Architekten

Innenarchitektur: Dennree
Fotos: Axel Hartmann

2

3
4

1 Vom Verkaufsraum ist die Empore des ehemaligen Kinos sichtbar.

2 Denn's Biomarkt lädt mit warmem Licht zum Eintreten ein.

3 Der gemütliche Bistrobereich im oberen Stockwerk bietet eine schöne Aussicht auf den Königsplatz.

4 LED-Lampen beleuchten den gesamten Verkaufsraum.

5 Ein Highlight des Raums ist die goldene Facettendecke, die die Ladenfläche überspannt.

6 Die roten Kinosessel auf der Empore erinnern an die ursprüngliche Funktion.

7 Durch gläserne Bereiche im Boden können Besucher weitere Kinosessel betrachten.

Grundriss **1** Foyer **2** Empore **3** Verkaufsraum

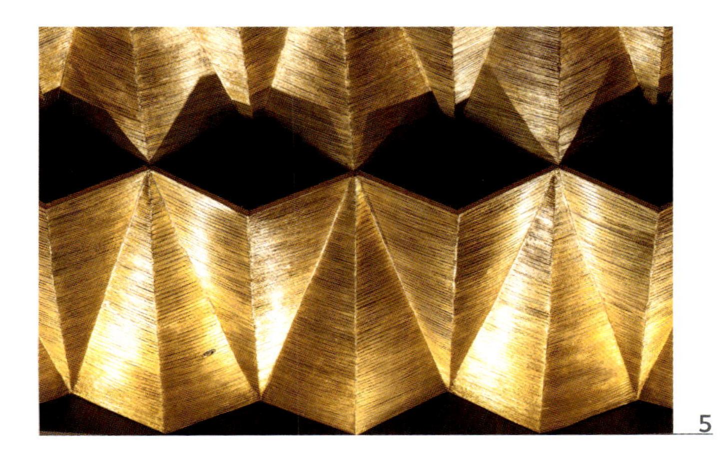

5

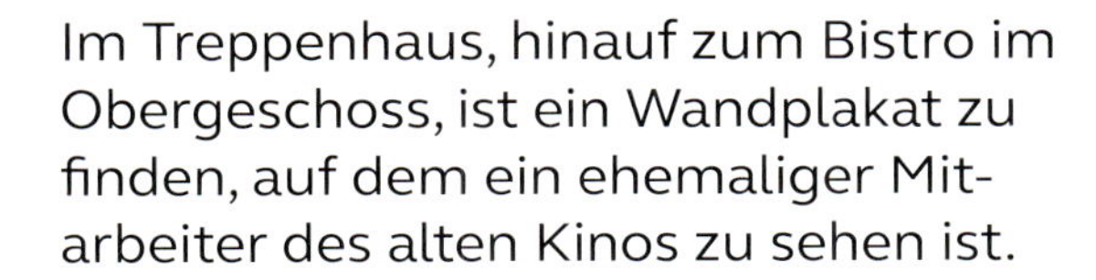

6

7

Im Treppenhaus, hinauf zum Bistro im Obergeschoss, ist ein Wandplakat zu finden, auf dem ein ehemaliger Mitarbeiter des alten Kinos zu sehen ist.

Im Bistro wird der Kunde dazu eingeladen, auf gemütlichen Polstermöbeln einen Imbiss zu genießen. Nebenher kann er durch die großen Fensterflächen den Königsplatz im Blick behalten.

Im Obergeschoss befindet sich zudem die erhaltene Kinoempore, die für die Kundschaft unzugänglich ist und durch eine Glaspforte abgetrennt wird. So kann der Kunde schon vom Markt aus einen Blick hinauf zur Empore werfen. Die roten Kinosessel, die alte Leinwand und die goldene Facettendecke lassen im Biomarkt weiterhin ein Kinogefühl entstehen.

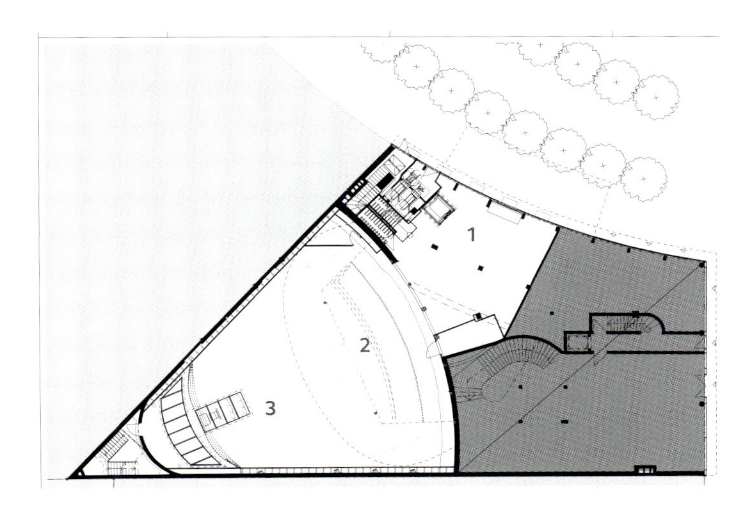

aktiv & irma

Auftraggeber: aktiv & irma GmbH
BGF: 3.000 m²
2016

Oldenburg (D)

1

Der Vollversorgermarkt ist zentraler Baustein des Stadtteilzentrums in Oldenburg-Kreyenbrück. In einem, durch gesichtslose Bauten der 1930er- und 1950er-Jahre geprägten Umfeld, zeigt sich der Supermarkt identitätsstiftend und auf den Standort abgestimmt. Die auffällige Grundrissform ist dem baulichen und landschaftlichen Umfeld geschuldet, das eine konventionelle Bauweise nur bei Beseitigung bedeutsamer Bausubstanz zugelassen hätte. So konnten aber prägende Baumgruppen erhalten werden.

Zudem war es Wunsch des Betreibers, neue Wege bei der Präsentation der Waren zu gehen. Anstatt lediglich auf Sachlichkeit, Flexibilität und Rendite zu setzen, wurde auf ein orthogonales System verzichtet und die Wegführung organisch angelegt, sodass der Kunde während des Einkaufs die Ware ständig im Blick behält und der Weg von einer

neun grad architektur

Fotos: Meike Hansen / www.archimages.de

2

3

in die nächste Abteilung einem entspannten Spaziergang ähnelt.

Der Markt übernimmt über das Einkaufen hinaus auch eine gesellschaftliche Funktion. Menschen kommen zusammen, der Markt entwickelt sich zum Mittelpunkt des Stadtteils und ersetzt den klassischen Marktplatz mit seinen Aufgaben und Funktionen.

Aus dieser Entwicklung erwächst die Verantwortung der Bauaufgabe hohe Aufenthalts- und Erlebnisqualitäten mit Freiräumen zur Begegnung zu gewährleisten. Innen und außen werden entsprechende Freiräume angeboten, die Eingangsfassade spiegelt diese Bedeutung wider und zeigt sich selbstbewusst, aber unaufgeregt. Auch wurde die Werbung auf ein Mindestmaß reduziert, um diesen Anspruch zu unterstreichen.

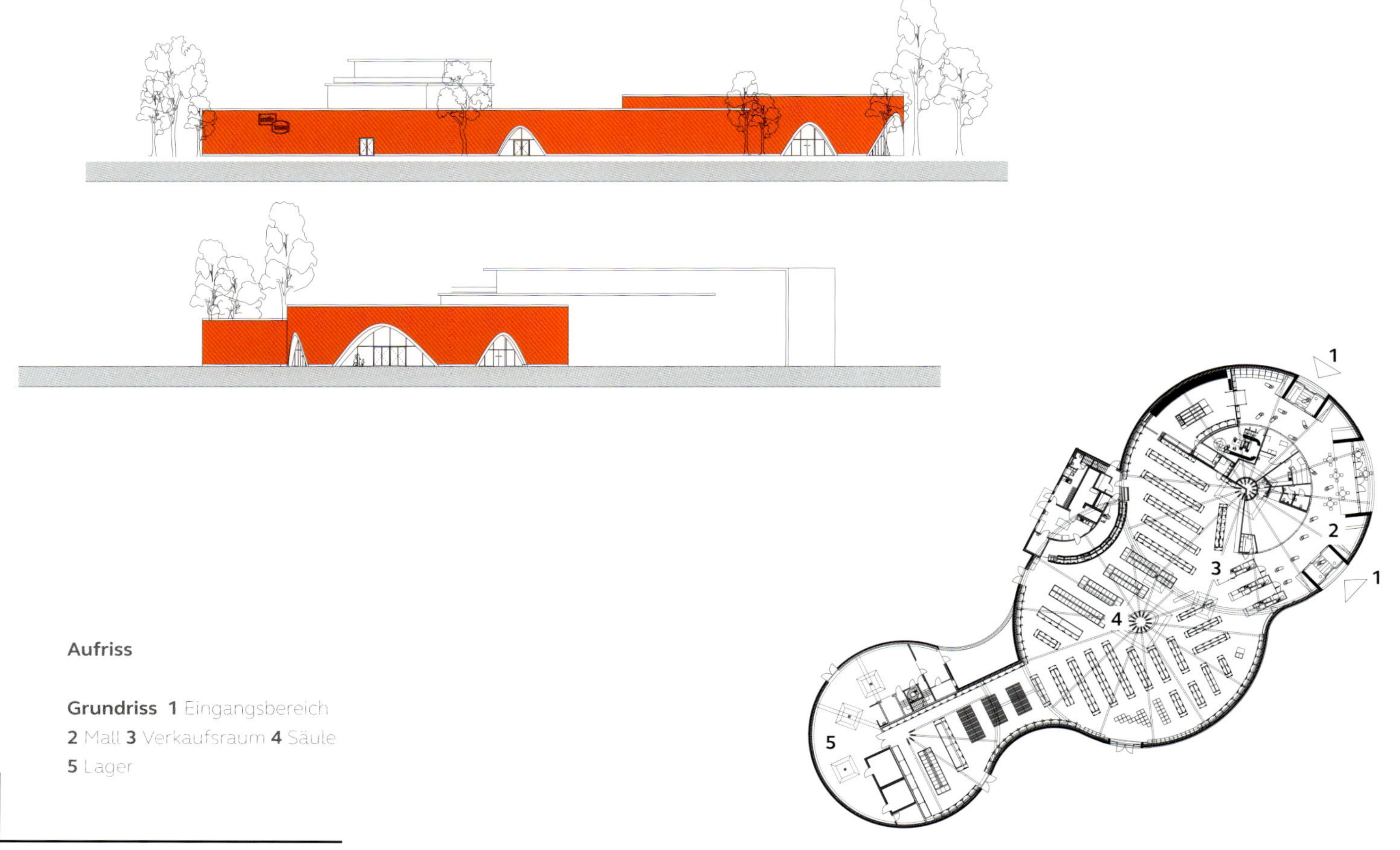

Aufriss

Grundriss **1** Eingangsbereich
2 Mall **3** Verkaufsraum **4** Säule
5 Lager

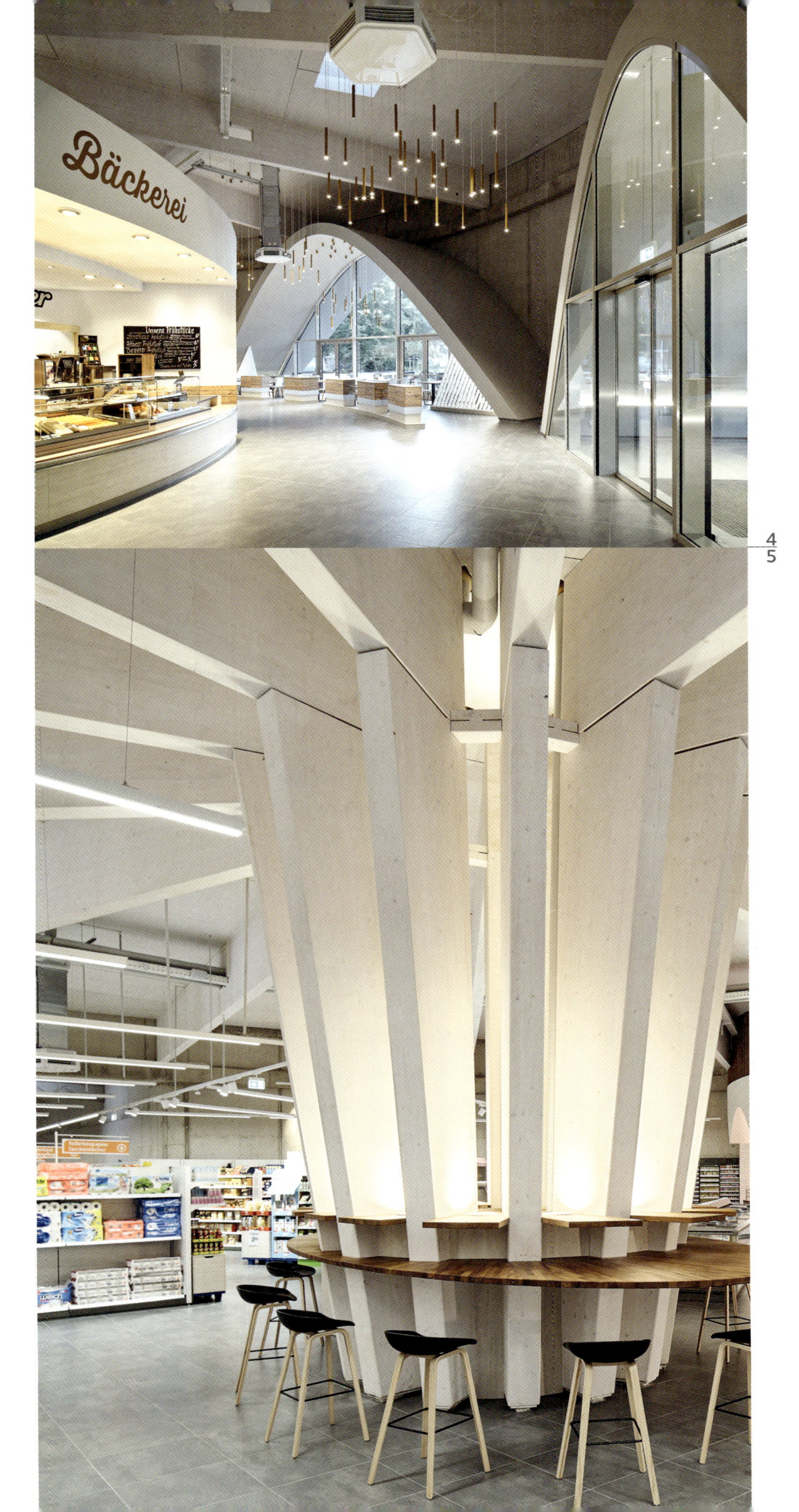

4
5

1 Der Neubau ist durch seine einzigartige Form ein Blickfang.

2 Die Architektur ist an die Nachbarschaft angepasst und erhält so die grüne Umgebung.

3 Die bogenförmigen Fenster werden von einem weißen Rahmen gefasst.

4 Innen öffnet sich ein heller und moderner Raum, der zum Entspannen einlädt.

5 Neue Wege der Warenpräsentation und hohe Aufenthaltsqualität liegen der Architektur zugrunde.

Marenda Brotkultur

Dornbirn (A)

Auftraggeber: Bäckerei Mangold
BGF: 124 m²
2012

Marenda Brotkultur lädt Kunden zum Verweilen, zu einer Pause inmitten des Alltags ein. Möbel aus Zementfliesen, freistehend angeordnet wie auf einem Markt, präsentieren die Ware der neuen Bäckerei. Wie ein Flaneur streift der Kunde an den verschiedenen Theken vorbei und kann sich von der Qualität der Produkte überzeugen.

Die Bäckerei Marenda vermittelt zwischen Kaffeehauskultur und dem klassischen Bäckerladen. Sowohl Brotkäufern als auch Kaffeehausbesuchern bietet es eine offene Raumstruktur, in der sie dem Bäckerpersonal bei ihrem Handwerk beobachten können. Die Anordnung der Präsentier- und Arbeitsflächen ist lose, frei und suggestiv und weckt kulinarische Bedürfnisse. Der Gast wird zum Entdecker, das Café Marenda zum Marktplatz und die Produktionsstätte zum Ort des bewussten Gustierens.

Das Marenda hat als Raum aus den 1960er-Jahren mit wenigen tragenden Elementen bereits eine urbane Grundstruktur. Die großen Verglasungen mit niedriger Brüstung zur Straßen- und Terrassenseite unterstützen dies. Bei der Adaptierung des ehemaligen Café Gessler zum Marenda sind wesentliche Teile dieser Grundstruktur wieder sichtbar gemacht worden. Die Verkaufs- und Produktionsmöbel integrieren sich in den Gesamteindruck des Raums. Sie zeigen den Kunden Wahlmöglichkeiten. Die Möbel sind daher gezielt im Raum verteilt, die Funktionen aufgelöst. Jedes Objekt ist mehrfach nutzbar.

Die Fliesen als Material für die Möbel verweisen auf Bäckertraditionen, wie sie ab 1900 zum Standard wurden. Ihre Beständigkeit und ihr zeitloses Motiv bilden die Klammer zwischen Backstube, Verkaufsladen und Kaffeehäusern anderer Kulturräume.

Georg Bechter Architektur+Design
Thomas Mennel

Fotos: Adolf Bereuter / www.adolfbereuter.com

1

2 | 3

6

7

4 | 5

1 Die freistehenden Möbel aus Zementfliesen erzeugen eine offene Raumstruktur.

2 Die großen Glasfronten ermöglichen den Ausblick während des Kaffeebesuchs.

3 Der Kunde kann durch die Bäckerei schlendern und sich wie auf einem Markt seine Ware aussuchen.

4 Bunten Fliesen bilden den Blickfang des Raums und verweisen auf alte Bäcker-traditionen.

5 Eine umlaufende Bank entlang der Verglasung und gemütliche Sitzmöbel laden zum Verweilen ein.

6 Besucher können in eine Atmosphäre von Geräuschen und Gerüchen, beispielsweise von frisch gebackenem Brot, eintauchen.

7 Marenda Brotkultur vermittelt zwischen Kaffeehauskultur und klassischem Bäckerladen.

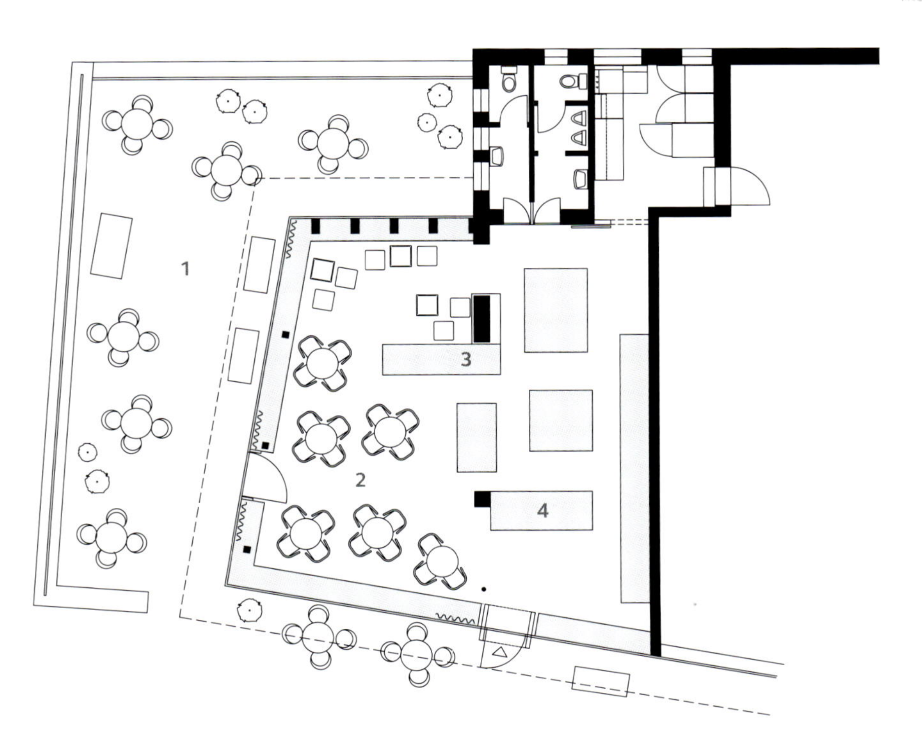

Grundriss 1 Außenbereich **2** Sitzbereich **3** Bedientheke **4** Verkaufsbereich

Speisekammer Föhr

Auftraggeber: Speisekammer Föhr GmbH
BGF: 145 m²
2017

Wyk auf Föhr (D

In der Speisekammer Föhr gibt es Gutes von hier und da. Sie ist ein ganzheitliches Shop- und Gastroerlebnis mit dem Schwerpunkt auf Föhrer Produzenten und kleinen Genussmanufakturen aus Norddeutschland.

Gestartet ist die Speisekammer als Pop-up in der Süderstraße. Im April 2017 bezog sie in der Wilhelmstraße 5 neue, größere Räumlichkeiten. Dass bis in die 1970er-Jahre hier ein Milch- und Käseladen und eine Eisdiele beheimatet waren, konnte passender nicht sein und wurde kurzerhand in das Ladenkonzept integriert. Bei der Renovierung traten zum Beispiel alte Bodenfliesen zu Tage und die Schranktüren eines alten Wohnzimmerschranks fanden in der Tresenverkleidung eine neue Verwendung. Die alte Ladenfront erstrahlt nun mit den Grafiken von Jungclaus Design in neuem Licht.

1

grotheer architektur

Corperate Design: Jungclaus Design
Fotos: Nina Struve / www.ninastruve.de

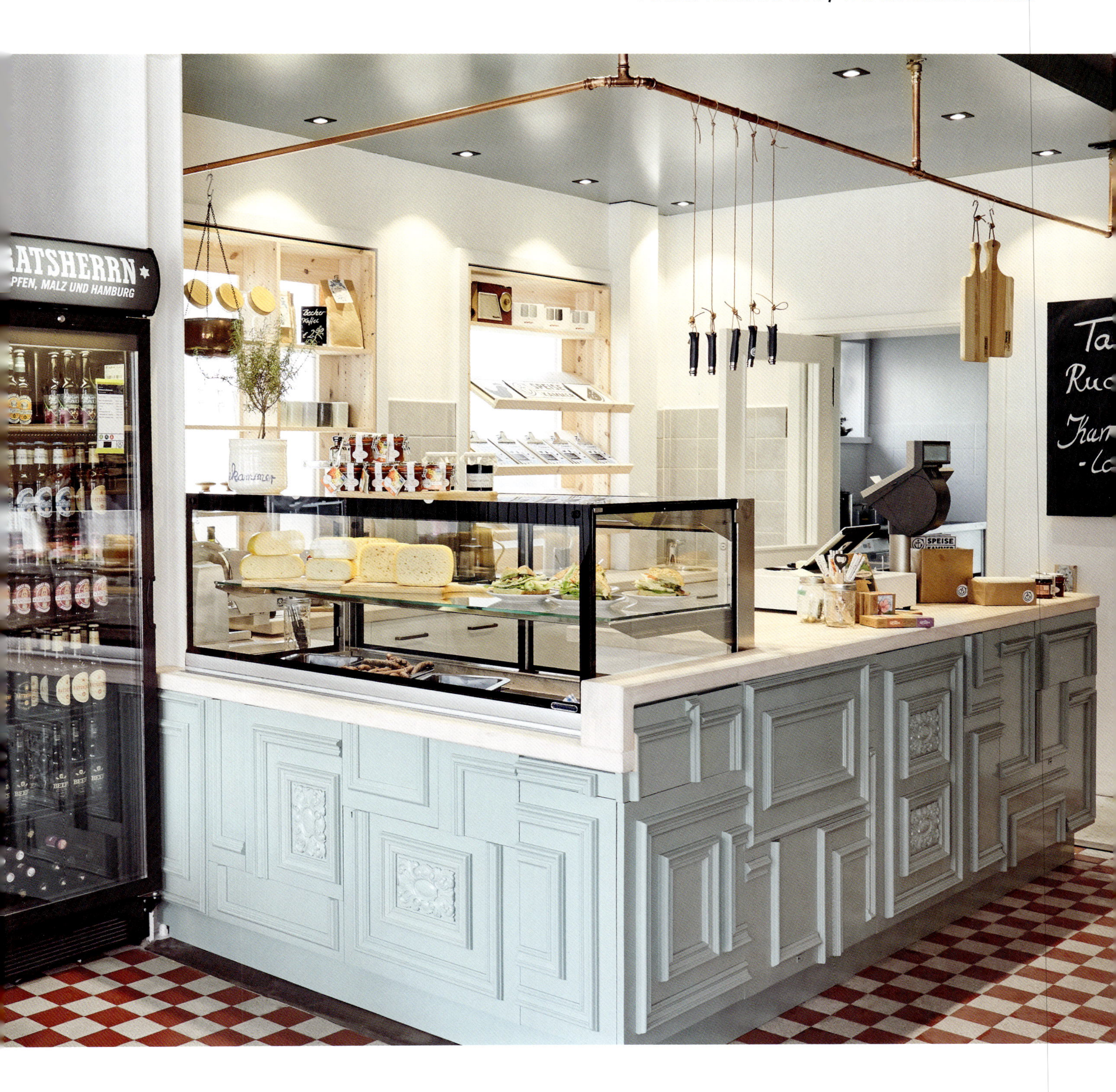

2 | 3

1 Die ungewöhnliche Thekenverkleidung besteht aus alten Schranktüren.

2 Die Außenansicht der Speisekammer lädt Passanten zum Betreten ein.

3 Auf großen Regalen und hölzernen Tischen präsentiert sich die vielseitige Ware.

4 In der Spiesekammer Föhr kann der Besucher viele leckere Mahlzeiten genießen.

5

6

4

Auf großen Regalen entlang der Wände, auf Tischen und in Holzkisten wird das vielseitige Sortiment der Speisekammer präsentiert. Im Sitzbereich an der großen Glasfront können Besucher ihre Mahlzeit mit schönem Ausblick nach draußen genießen. Auch im Außenbereich bietet die Speisekammer Föhr Sitzmöglichkeiten.

Der weitläufige Raum, die Bodenfliesen, die besondere grüne Tresenverkleidung und die mit Liebe zum Detail gestaltete Einrichtung geben der Speisekammer Föhr eine angenehme, einladende und gemütliche Atmosphäre.

5 Sitztische direkt am Fenster bieten eine schöne Aussicht.

6 Auch unverpackte Produkte wie Nudeln, Reis oder Couscous gehören zum Sortiment.

7 Die Bodenfliesen der Speisekammer wurden beim Renovieren des Ladens sichtbar.

7

Confiserie Bachmann – Chocolate W

BG

1

Unter den Schweizer Schokoladenmanufakturen gehört die Confiserie Bachmann in Luzern zu den Besten. Das innovative Unternehmen mit über 120-jähriger Tradition unterhält zwanzig Fachgeschäfte in Citylagen und Einkaufspassagen. Mit kreativen Storekonzepten zeigt das Familienunternehmen, wie ein Handwerksbetrieb durch Produktqualität und durchdachtes Retail Design eine ebenso sympathische wie erfolgreiche Marke aufbauen kann.

Am Stammsitz in Luzern eröffnete das Unternehmen die neu gestaltete Chocolate World. Herzstück der Filiale ist die Flowing Chocolate Wall, eine fließende Schokoladenwand, die in dieser Dimension und Konstruktion einzigartig ist. 750 Kilogramm flüssige Deko-Schokolade sind hier kontinuierlich in Bewegung – kein Anblick für Kalorienzähler.

Lichtgestalter: BÄRO
Luzern (CH)
Fotos: Constantin Meyer / www.constantin-meyer.de

2 | 3

1 Die Flowing Chocolate Wall ist als fließende Schokoladenwand das Herzstück der Filiale.

2 Außenfassade der Confiserie am Stammsitz in Lurzen.

3 Pralinés und Schokoladen werden durch spektral optimierte Beleuchtung inszeniert.

4 Die Warenpräsentation umgeben von dunklem Holz und hellem Stein.

5

6

4

5 Innenraum mit einer Kombination aus modernen Formen und einem Hauch Rokoko.

6 Der geschwungener Kristallbehang über der Bedientheke.

Das Ladenbaukonzept ist auf Sinnlichkeit und Opulenz ausgerichtet. Moderne Formen und ein Hauch Rokoko fügen sich zu einem kontrastreichen Akkord, rauer Naturstein bringt alpenländische Bodenständigkeit ein und Akzente in der Firmenfarbe Rosa setzen dem Interior Design buchstäblich das Häubchen auf. So formuliert das neue Fachgeschäft auf seinen 360 Quadratmetern neue Maßstäbe für die Branche.

Das Lichtkonzept von BÄRO erfüllt eine Doppelfunktion. Zum einen gliedert das Licht den Verkaufsraum, zum anderen inszeniert die spektral optimierte Beleuchtung feinste Pralinés und Schokoladen überaus appetitlich und attraktiv. Über der Bedientheke ist ein geschwungener Kristallbehang angebracht, der durch die dahinter verborgen montierten BÄRO Ontero EC Stromschienenstrahler zum Funkeln gebracht wird. Sie leuchten auch die Vitrinen darunter kraftvoll und zugleich warenschonend aus.

Eine Besonderheit der Lichtlösung ist, dass der überwiegende Teil des Verkaufsraums ist mit warmtonigen Lichtfarben zwischen 2.500 und 2.700 Kelvin beleuchtet. Die hohen Farbwiedergabewerte mit einem Color Rendering Index von größer als 90 bringen das farbenprächtige Sortiment optimal zur Geltung.

Metzgerei Georg Greiff

Memmingen

Auftraggeber: Georg Greiff
BGF: 86 m²
2019

1

Ein Umbauprojekt solcher Dimension in einem denkmalgeschützten Gebäude erfordert Mut, kann dann aber auch belohnt werden. So bei dieser Metzgerei in Memmingen, bei der zwei Material- und Farbkomponenten, geschickt eingesetzt, die Gestaltung dominieren.

Horizontale Flächen wie Fußboden und Decke sind aus optisch naturbelassenem Holz gefertigt. Die Wände hingegen kontrastieren mit einer glatten, weißen Oberfläche. Wie ein helles Band fügen sie sich im Ladengeschäft zwischen Boden und schwerer, dunkler Decke ein und öffnen so einen freundlichen Verkaufsraum. Weiße Stehtische in filigraner Ausführung stehen vor dezenten, schön ausgeleuchteten Wandnischen, in denen die Handelswaren angeboten werden. Der patentierte Salzreiferaum Premium Meat Ager wurde harmonisch in das Gesamtbild integriert. Vergebens sucht man hier schwere und rustikale

)

Innenarchitektur: Raumkonzepte Wettemann
Fotos: Schrutka-Peukert / www.schrutka-peukert.de

2 | 3

1 Die Theke integriert sich elegant in die räumlichen Gegebenheiten.

2 Der Premium Meat Ager ist eine patentierte Salt Dry Aging-Reifekammer.

3 Die Theke folgt der geschwungenen Form.

4 Die Decke wird durch organische Lichtsegel unterbrochen.

5

6

4

5 Die dezent ausgeleuchtete Wandnische vermittelt der Backwarenpräsentation Leichtigkeit.

6 das handwerkliche Edelstahlgeflecht an der Rückwand sorgt für ein edles Ambiente.

Möbel, die sich häufig in Metzgereien finden. Selbst die Theke bekommt in dieser Raumkomposition eine ungeahnte Leichtigkeit. Sie wurde in einer organisch fließenden Form ohne scharfe Ecken und Kanten eingebaut. So ist die Verkaufsfläche mehr dem Eingangsbereich, und damit auch den Kunden zugewandt. Unterstützt wird dieser Eindruck durch einen stützenfreien Glasaufsatz, der weitere konstruktive Elemente überflüssig macht und den Fokus auf die Ware legt.

Hier wurde clever mit Kontrasten gearbeitet. Nicht nur mit dem offensichtlichen Spiel der Materialien und Farben, sondern auch mit assoziativen, gestalterischen Erwartungen an eine Metzgerei. Die schlichte Eleganz mit ihrer zurückhaltenden Inszenierung steht in einem gelungenen Spannungsverhältnis zu den Produkten der Metzgerei Greiff.

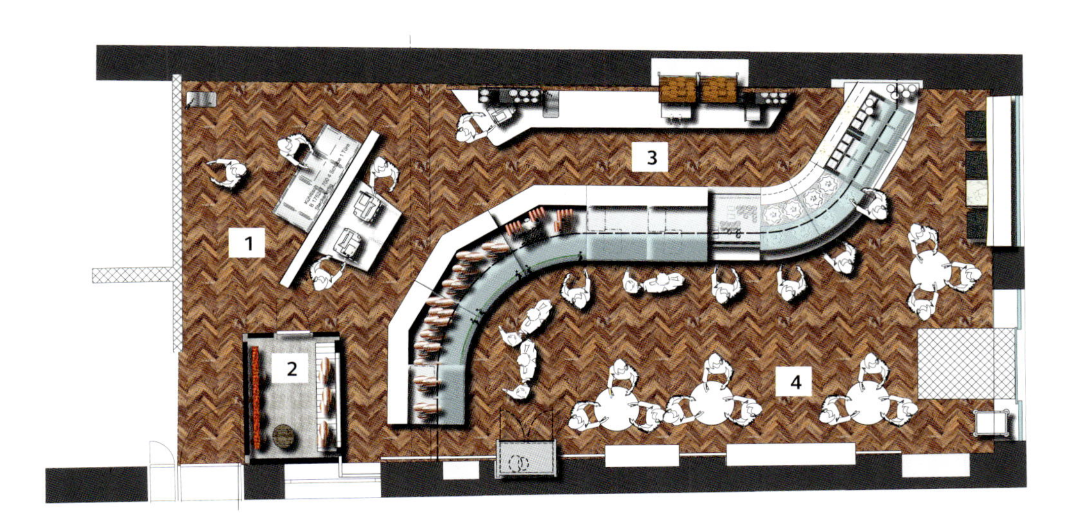

Grundriss 1 Arbeitsbereich **2** Lagerraum **3** Theke **4** Sitzbereich

Edeka Roderbruch

Hannover (D)

Auftraggeber: EDEKA-MIHA Immobilien-Service
BGF: 5.570 m²
2015

Der 2015 gebaute Edeka-Supermarkt in Hannover Roderbruch erfüllt die hohen energetischen Anforderungen eines Passivhauses, so zertifizierte es das Passivhaus Institut in Darmstadt per Siegel. Bei Wohngebäuden längst bekannt und bewährt, ist das auf dem Einkaufssektor noch eine Seltenheit. Der 3.100 Quadratmeter große Lebensmittelmarkt ist nach Angaben des Betreibers einer der ersten überhaupt und einer der größten seiner Art.

Das Hannoveraner Stadtviertel Roderbruch stammt im Wesentlichen aus den 1970er-Jahren. Da das Stadtteilzentrum in die Jahre gekommen ist und einer dringenden modernen Ergänzung bedurfte, entwarf RKW hierfür einen Edeka-Supermarkt, der sich gleichermaßen zum Stadtteilzentrum, zur Stadtbahnhaltestelle und zum eigenen Parkplatz öffnet.

1

RKW Architektur +

Fotos: Marcus Pietrek

3

4

1 Die zeitgemäße Schlichtheit und eine natürlich warme Fassade bestimmen den Außeneindruck des Gebäudes.

2 Der derzeit größte SB-Markt Europas nach Passivhausstandard besticht auch durch sein helles, klares Innenraumkonzept.

3 Aufgrund seiner zentralen Lage wird der neue Edeka zur Quartiersschnittstelle.

4 Mit Solarpaneelen, Wärmerückgewinnung und Dachbegrünung ist der Supermarkt ein Vorreiter zu mehr Energieeffizienz.

5 Die Anbindung an den Nahverkehr ermöglicht zeitgemäßes, nachhaltiges Einkaufen.

2

Besonderes Augenmerk wurde auf Energieeffizienz gelegt. Modernste Wärmerückgewinnung, eine Dachbegrünung, eine starke Dämmung sowie ein ausgeklügeltes Beleuchtungs- und Steuerungskonzept sorgen dafür, dass das Gebäude der derzeit größte SB-Markt nach Passivhausstandard in Europa ist.

Nach Außen präsentiert sich das Gebäude mit einer holz- und backsteinverkleideten Fassade und einer großflächigen Verglasung. Sitzgelegenheiten unter der weiten Dachauskragung laden zum Entspannen ein.

5

Merkur Hoher Markt Premium Store

BGF: 3.000 m
201

Die Rewe-Gruppe wählte im Herzen Wiens einen prominenten Platz für den neuen Merkur Hoher Markt. Der Hohe Markt mit der historische Ankeruhr ist einer der ältesten und historisch wertvollsten Plätze in Wien. Aufgrund der strengen denkmalpflegerischen Vorschriften sollte sich der Supermarkt besonders zurückhaltend in das Umfeld einpassen und die neue bewegliche Fassade nahtlos in die Umgebung eingliedern.

Durch vorgesetzte, bewegliche Sonnenschutzpaneele, die mit einem Blattmuster durchbrochen sind, zeigt sich ein Lichtspiel auf dem Gehsteig und im Innenraum. Die Platten bestehen aus vorbewittertem Kupfer, mit einer Beschichtung aus Grünspan. Die Farbe Grün passt nicht nur perfekt in die Umgebung, sondern spiegelt auch das Grün der Corporate Identity von Merkur wieder.

1

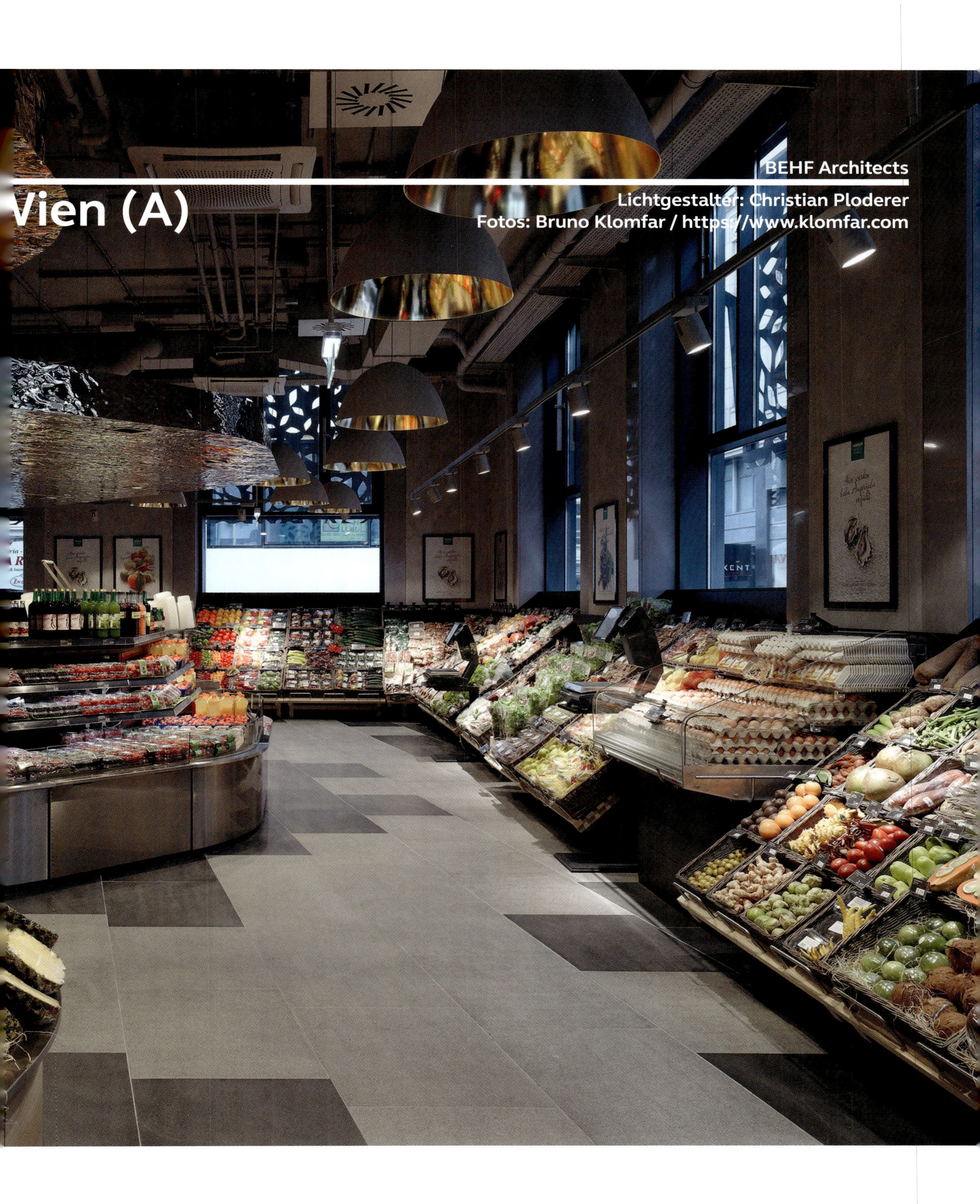

Vien (A)

BEHF Architects

Lichtgestalter: Christian Ploderer
Fotos: Bruno Klomfar / https://www.klomfar.com

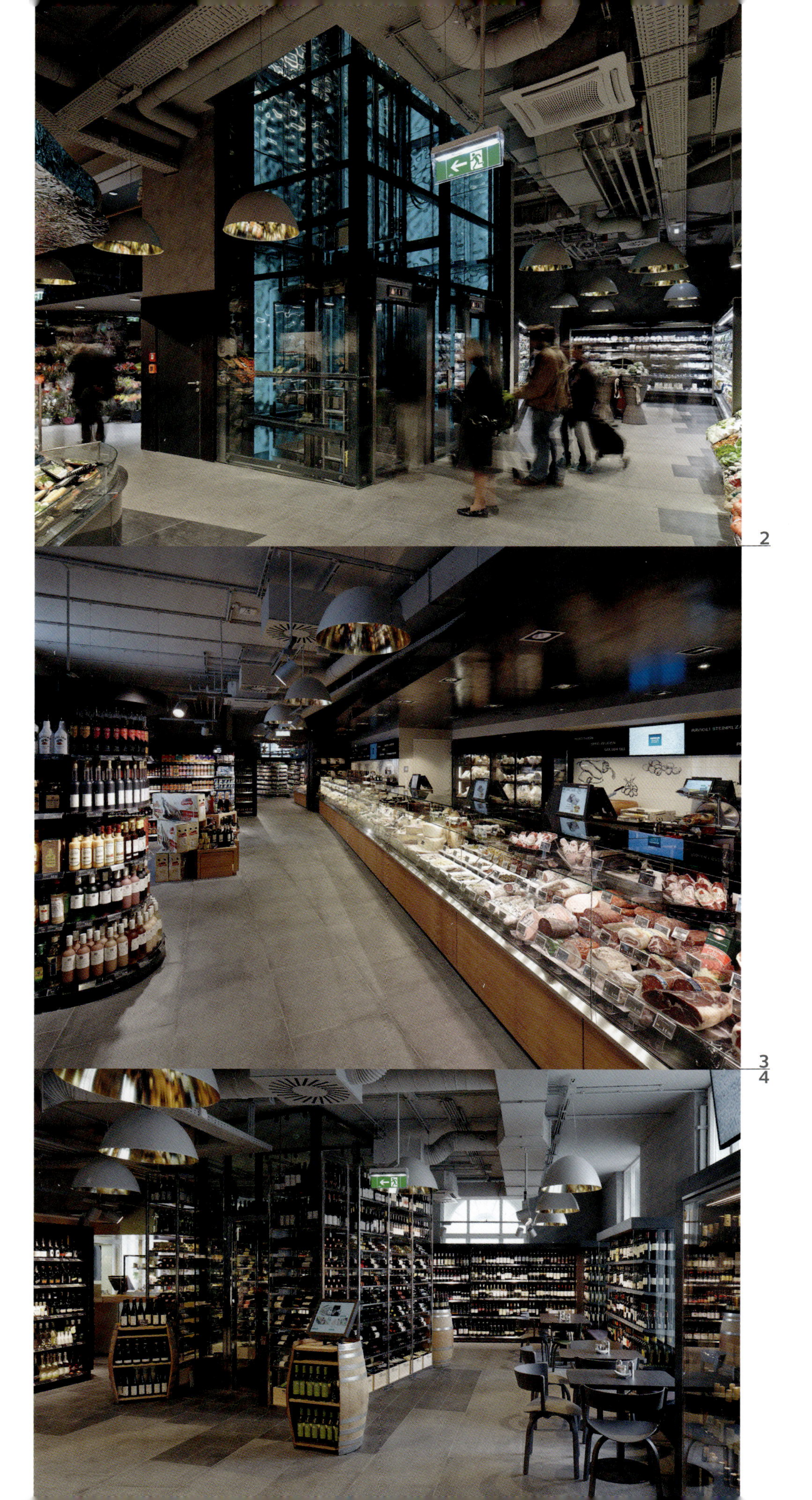

1 Einkaufsbereich mit einzigartigen Oberflächenstrukturen durch die Neuinterpretation klassischer Materialien.

2 Die Architektur spiegelt das Grün der CI von Merkur wieder.

3 Die lange, holzverkleidete Fleischtheke, Wände und Böden sind in Grautönen gehalten.

4 Das breite Weinsortiment im zweiten Stock mit Akzenten aus Messing, poliertem Stahl und Stein.

5 Beleuchtete Außenansicht des Merkur Hoher Markt Premium Stores.

6 Erster Stock mit Kuchentheke, Café und speziellen Tee- und Kaffeesorten.

7 Lichtspiel auf der Fassade durch bewegliche Sonnenschutzpaneele.

Ansicht Hoher Markt mit historische Ankeruhr und neuem Merkur Hoher Markt

Schnitt **1** Erdgeschoss mit Take away-Lokal **2** Erster Stock mit Café **3** Zweiter Stock mit Restaurant und Weinsortiment

5

6

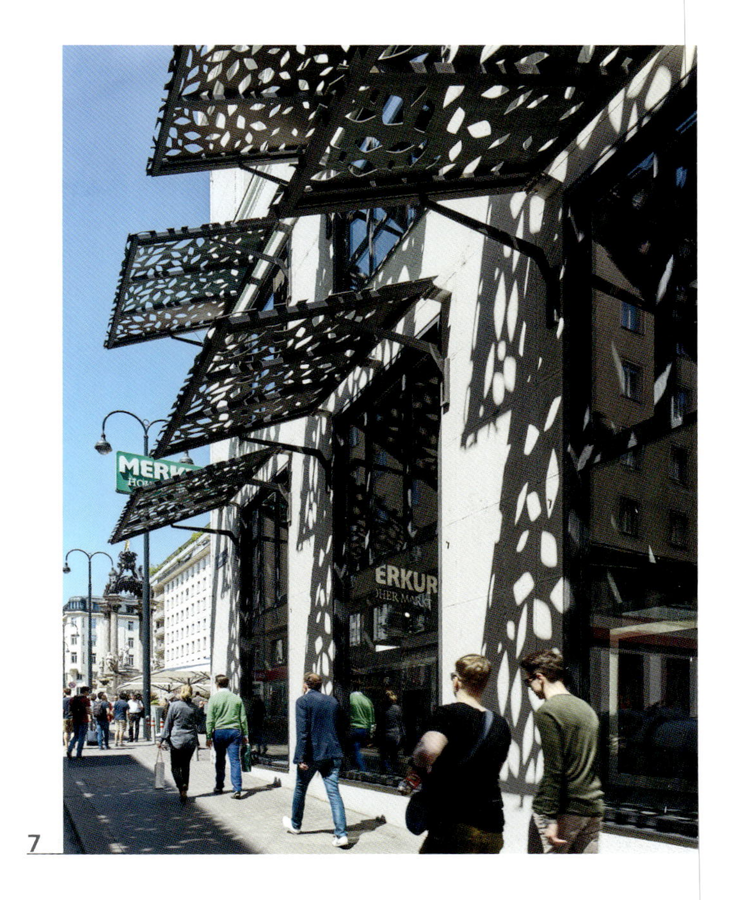

7

Auch im Inneren werden klassische Materialien neu interpretiert. Messing, polierter Stahl, Stein und Holz ergänzen die vorwiegend in Grautönen gehaltene Gestaltung.

Im Gegensatz zu den herkömmlichen Filialen von Merkur, bietet der Hohe Markt zusätzlich ein exklusives Produktsortiment. Der gesamte Verkaufsraum ist auf drei Ebenen aufgeteilt.

Auf jeder Etage ist ein anderes Highlight zu finden. Im Erdgeschoss wurde ein Take Away-Lokal eingerichtet, im ersten Stock ein Café mit speziellen Tee- und Kaffeesorten und im zweiten Stock befindet sich ein Restaurant sowie ein breites Weinsortiment. Die Ebenen sind über eine Treppe und drei Panoramaaufzüge zu erreichen, wodurch die Wahrnehmung des vertikalen Raumkonzepts verstärkt wird.

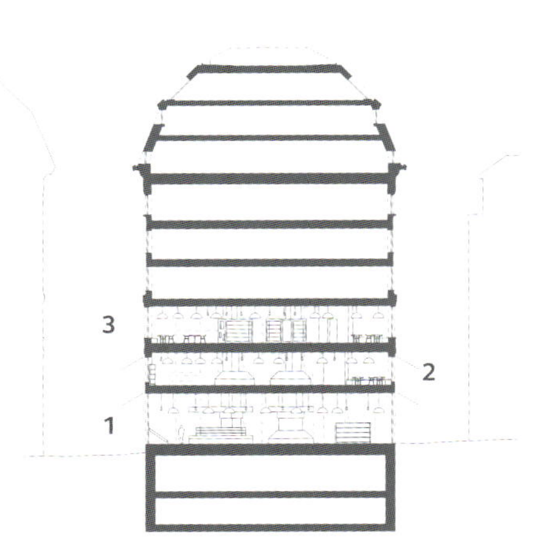

SB-Warenhaus in Borbeck

BGF: 17.700 m²
2013

Essen (D)

Das Grundstück für das neue Warenhaus liegt im Zentrum des Essener Stadtteils Borbeck und schließt dreiseitig an die Fußgängerzone der Gerichtsstraße an. Den südlichen Abschluss des Grundstücks bildet die Borbecker Straße, eine der Haupterschließungsstraßen des Stadtteils. Über sie erfolgt auch die Anlieferung des SB-Warenhauses.

Mit Ausnahme des Anlieferhofs wurde das Grundstück nahezu vollständig durch den kompakten, viergeschossigen Baukörper überbaut. Die komplexen Anforderungen an die Funktion des Gebäudes sowie ein Niveauunterschied von etwa sieben Metern in südlicher Richtung führten zu einer Anhebung der Erdgeschossebene gegenüber der Fußgängerzone in der Gerichtsstraße. Über eine großzügige Freitreppe sowie eine flache Rampe wird das Erdgeschoss der zweigeschossigen Verkaufsfläche an die Fußgängerzone angebunden.

1

Jürgensen & Jürgensen Architekten BDA

Freiraumplanung: wbp Landschaftsarchitekten GmbH
Fotos: Margot Gottschling

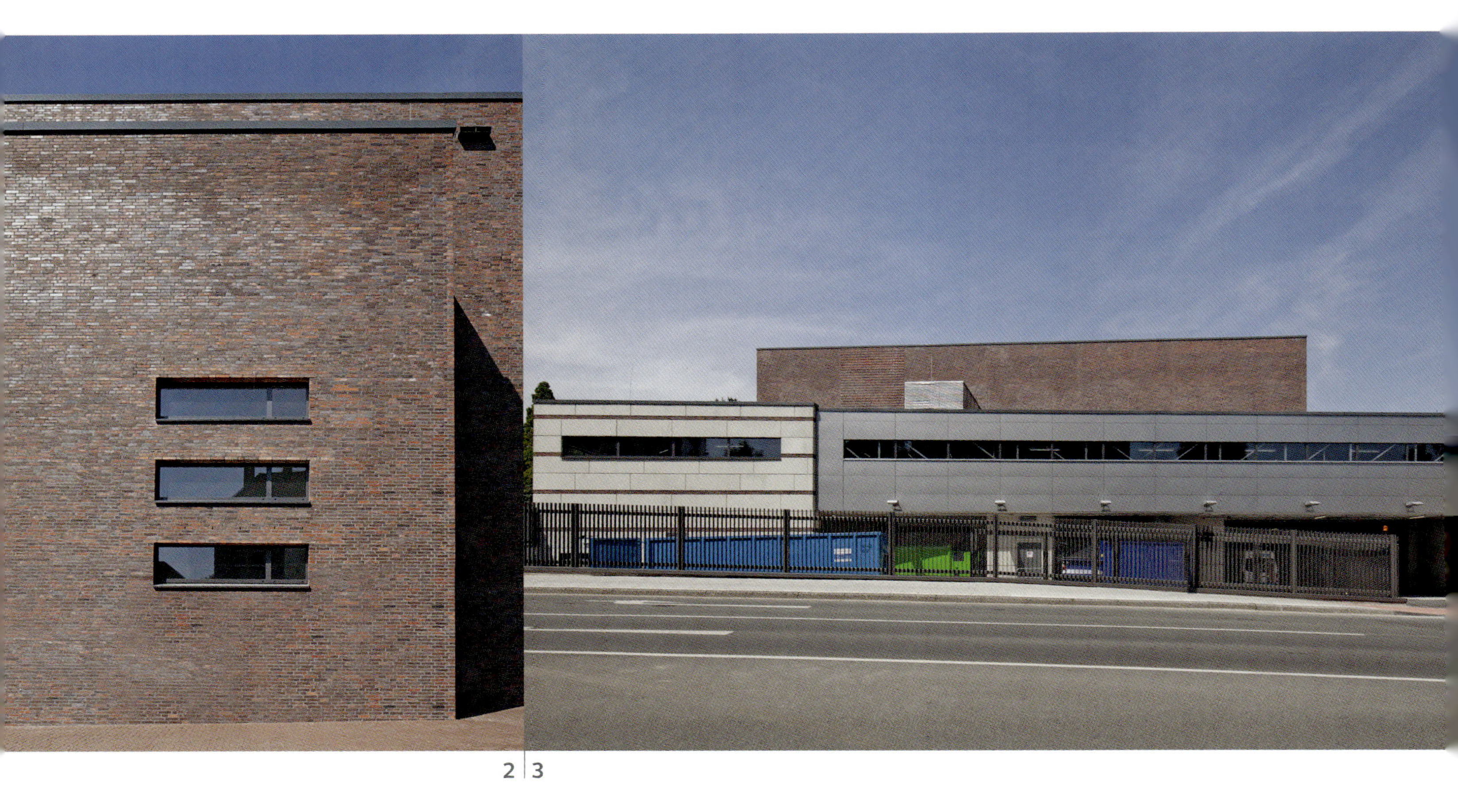

2 | 3

1 Blick aus der Fußgängerzone auf die erleuchtete Eingangsfassade zur blauen Stunde.

2 Fassadenausschnitt der Ziegelfassade mit rechteckigen Fenstern.

3 Der Anlieferungsbereich liegt an der Rückseite des Gebäudes.

4 Detailansicht der Sichtbetonfassade mit Ziegelbändern.

5

6

7

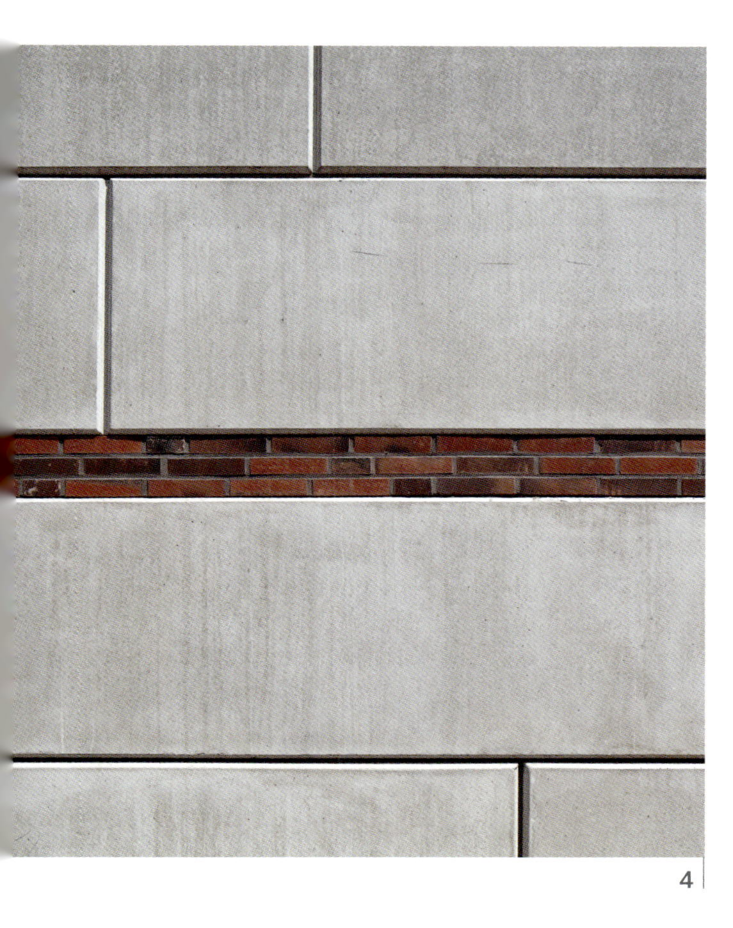

4

5 Der erleuchtete Eingangsbereich zur blauen Stunde.

6 Blick in die Fußgängerzone.
7 Fassadenausschnitt des Fluchttreppenhauses.

Kleinere Läden sind der Verkaufsfläche des SB-Markts vorgelagert und nehmen mit ihrer Größe die Maßstäblichkeit der umgebenden Einzelhandelsflächen auf. Die vorhandene Gefällesituation, die nur in der Rechtstraße erlebbar ist, wird genutzt, um die zweigeschossige Tiefgarage des Neubaus an die öffentlichen Verkehrsflächen anzubinden.

Das Gebäude erhielt in den oberen Geschossen eine Fassadenverkleidung aus rotbraunem Ziegelmauerwerk, wobei horizontale Lisenen die Mauerwerksflächen bereichsweise gliedern. Hellgrauer Architekturbeton mit eingelegten Ziegelbändern und anthrazitfarbene Aluminiumfassaden sind weitere Elemente der Gestaltung. Die großzügige Stufenanlage entlang der Fassade zur Straße besteht aus Betonwerkstein. Ein integrierter Sitzsockel fängt im westlichen Teil die Höhendifferenz zwischen der Fußgängerzone und der Eingangsebene auf. Durch die Umgestaltung der Fußgängerzone wurde der Eingang des SB-Markts freigestellt und bietet zukünftig mehr Platz für Veranstaltungen und Märkte.

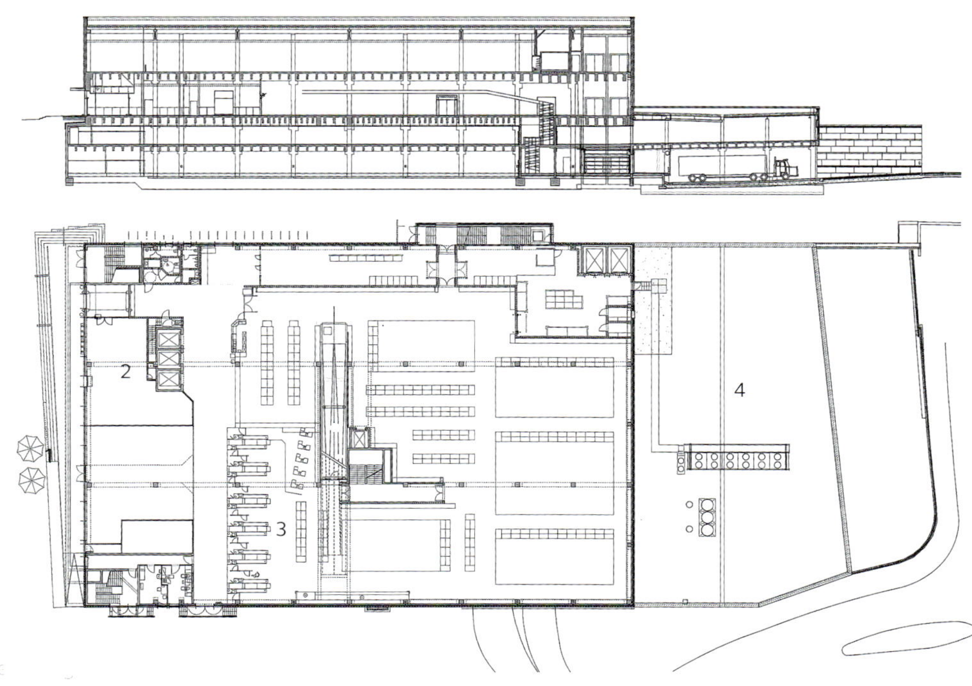

Längsschnitt

Grundriss **1** Fassade … lagerte Läden **3** Kassenbereich **4** Zulieferung

Bäckerei Terbuyken mit Café Flingern

Auftraggeber: Bäckerei Terbuyken GmbH & Co. KG: Peter Terbuyken
BGF: 188 m²
2017

Individuell, modern und stylisch, so hebt sich die neue Bäckerei Terbuyken mit Café von einer klassischen Bäckereifiliale ab. Mit dem außergewöhnlichen Auftreten fügt es sich damit perfekt in die Szene des Stadtteilbilds von Flingern bei Düsseldorf ein. Hochwertige Materialien überzeugen und lassen ein besonderes Flair entstehen.

Im Verkaufsraum zeigt sich der Thekenbereich durch die mit Feinsteinzeug in Marmoroptik verkleidete Rückwand und Ladentheke als modernes Highlight. Das Erscheinungsbild wird vor allem durch Schwarzstahl und Natureiche bestimmt, was mit Hirnholzparkett ergänzt wird. Das außergewöhnliche Bestuhlungskonzept zeichnet sich durch von der Decke abgehängte Stehtische aus, an denen der kurz verweilende Gast einen Stopp einlegen und einen Blick durch die großen Fenster auf vorbeigehende Passanten erhaschen kann.

1

BERNER GmbH

Fotos: Philip Kistner / www.philipkistner.com

2

1 Empfangen wird der Kunde beim Betreten der Bäckerei durch die große Theke.

2 Die petrolfarbigen Stühle stehen im Kontrast zu der restlichen Einrichtung.

3 Von der Decke herab hängende Stehtische mit Blick durch die großen Fenster.

4 Der Loungebereich wurde zusätzlich mit Polstern und Wanddeko ausgestattet.

4

5

3

5 Messingtischplatten sorgen für eine wohlige Atmosphäre.

Im hinteren Sitzbereich überzeugen Bänke und Loungebestuhlung, kombiniert mit Messingtischplatten, die für eine wohlige Atmosphäre sorgen und zum Genießen einladen. Eine zum Teil petrolfarbige Bestuhlung im Loungebereich kontrastiert mit der ansonsten beige, holzfarbenen Einrichtung. Durch die bewusst und gezielt eingesetzte Beleuchtung mit spannenden Hell- und Dunkelkontrasten wird dieses Stimmungsbild verstärkt.

Die Ware wird mit einer langer Theke auffällig in Szene gesetzt. Auf sie fällt der Blick des Kunden beim Betreten der Terbuyken Bäckerei mit Café als erstes.

In dem für Kunden einsehbaren und mit Industrieglasfenstern abgetrennten Vorbereitungsbereich werden die Speisen direkt vor deren Augen zubereitet. Dies schafft Transparenz und transportiert Frische und Handwerklichkeit.

Grundriss 1 Loungebereich **2** Theke **3** Stehtische

Inkoop Delmenhorst (D)

Auftraggeber: Privat
BGF: 2600 m²
2016

Der Neubau für den Supermarkt in Delmenhorst-Deichhorst zeigt sich expressiv und individuell in seiner dynamischen Gesamtform. Dennoch fügt er sich in die Kleinteiligkeit der vorhandenen Bebauung ein. Dabei vermittelt die asymmetrische Dachform einerseits zu traditioneller giebelständiger Bebauung, andererseits zu zeitgenössischen Tendenzen der Architektur.

Der Einsatz unterschiedlicher Fassadenmaterialien unterstützt den Bezug zur Kleinteiligkeit. Die Materialpalette umfasst champagnerfarbenes Metall und dunkle Klinkersteine, die sich harmonisch ergänzen und von den großzügigen Glasflächen abheben.

Das Dach zieht sich über den backsteinernen Sockel und dominiert so den Gesamteindruck. Es erstreckt sich stellenweise bis zum Boden hinab und bildet eine ganz eigenständige Groß-

1

neun grad architektur

Fotos: Meike Hansen / www.archimages.de

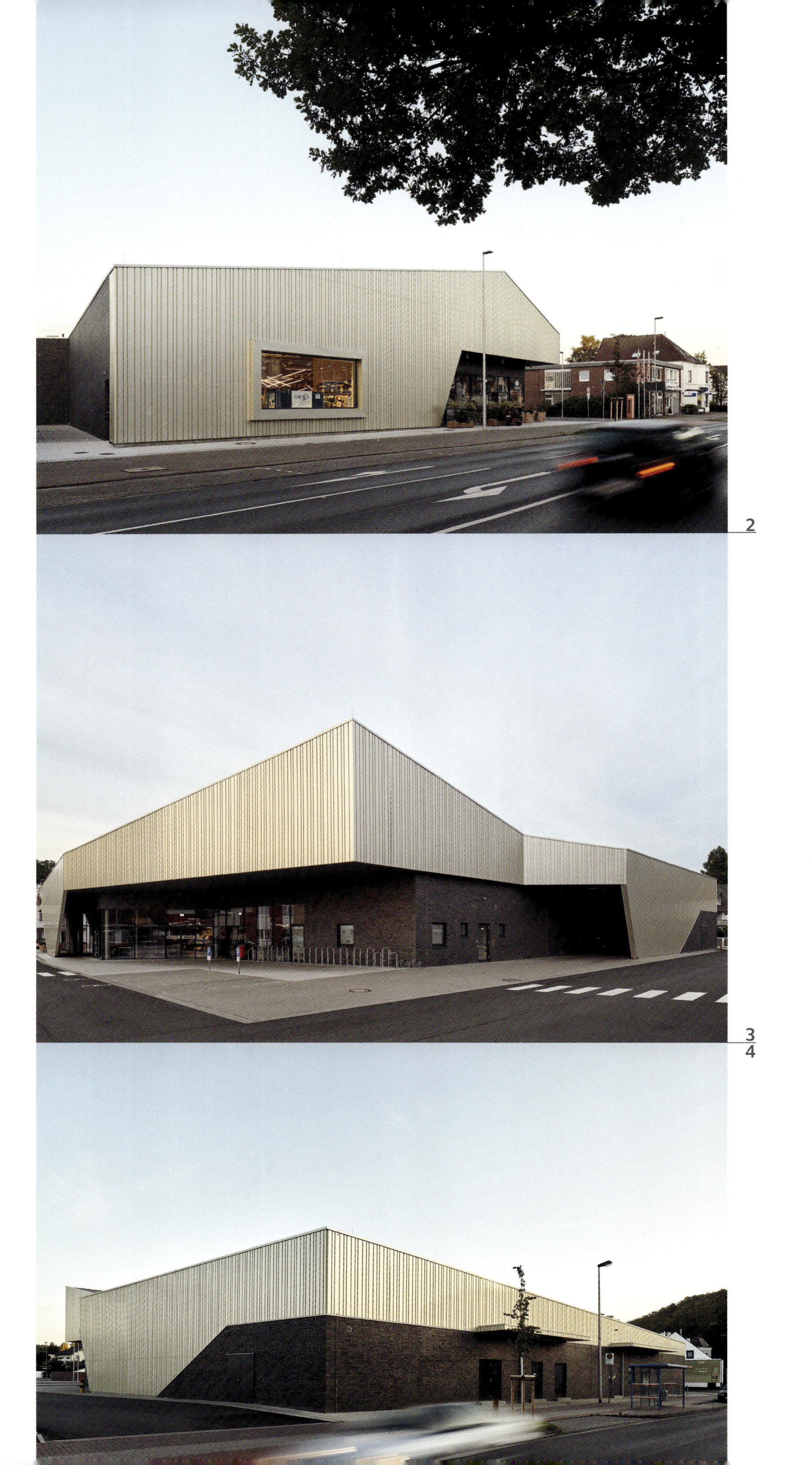

2

3

4

1 Der Inkoop Delmenhorst wurde bis 2016 neugebaut.

2 Lamellen aus champagnerfarbenem Metall sind zentrales Element der Dachgestaltung.

3 Das auskragende Dach am Eingans- und Lieferbereich verbindet harmonisch den Außen- und Innenraum.

4 Der Kontrast aus Metalllamellen und dunklem Klinkerstein kennzeichnet die Außenfassade.

5 Das asymmetrische Dach bildet einen Blickfang.

Grundriss **1** Eingansbereich **2** Blumenladen **3** Verkaufszone **4** Bedientheke **5** Gastronomischer Bereich

5

form aus. Bei der Anlieferung und dem Haupteingang bildet es die Verdachung des Freibereichs aus. Mit einer Bruttogrundfläche von über 2.600 Quadratmetern bietet der Neubau ausreichend Verkaufsfläche. Des Weiteren öffnet er den Bereich für eine einladende Vorkassenzone, einen Blumenladen, sowie für gastronomische Bereiche. Das auskragende Dach im Eingangsbereich umrahmt die große Glasfront, die den Innenraum um eine natürliche Lichtsetzung ergänzt, passend. Die bunte Warenwelt, die sich im Inneren eröffnet, wird von der allgemeinen Gebäudearchitektur in Szene gesetzt und bildet einen Kontrast zur dezenten, erdigen Farbgebung der Außenfassade.

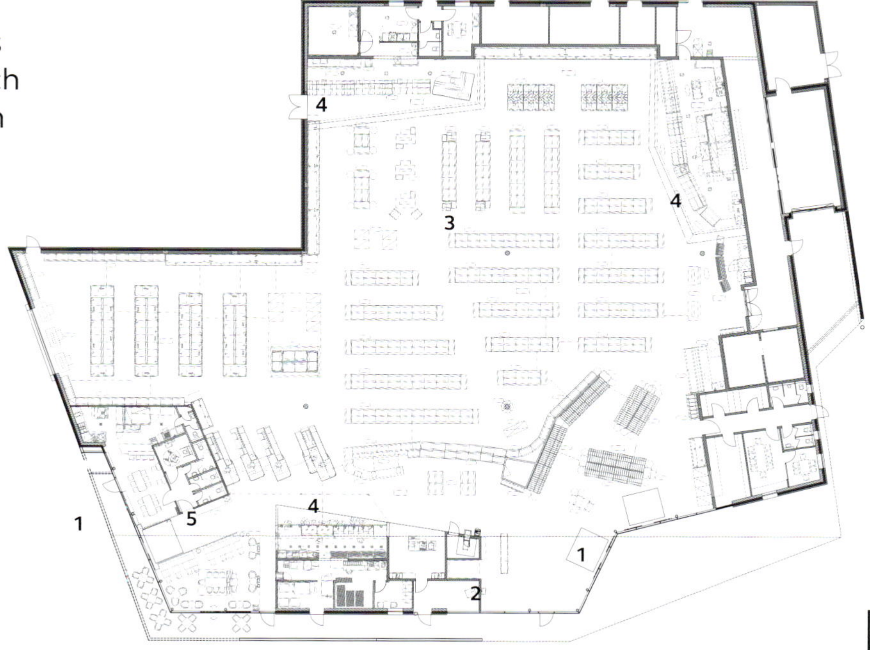

Carl Schuch

Stillleben mit Äpfeln, Weinglas und Zinnkrug, 1876, Ölfarbe auf Leinwand, 69 × 92 cm, Bayerische Staatsgemäldesammlungen – Neue Pinakothek, München

Erlebniswelt Obst- und Gemüse

Auftraggeber: Bernd Kaffenberger
BGF: 290 m²
2017

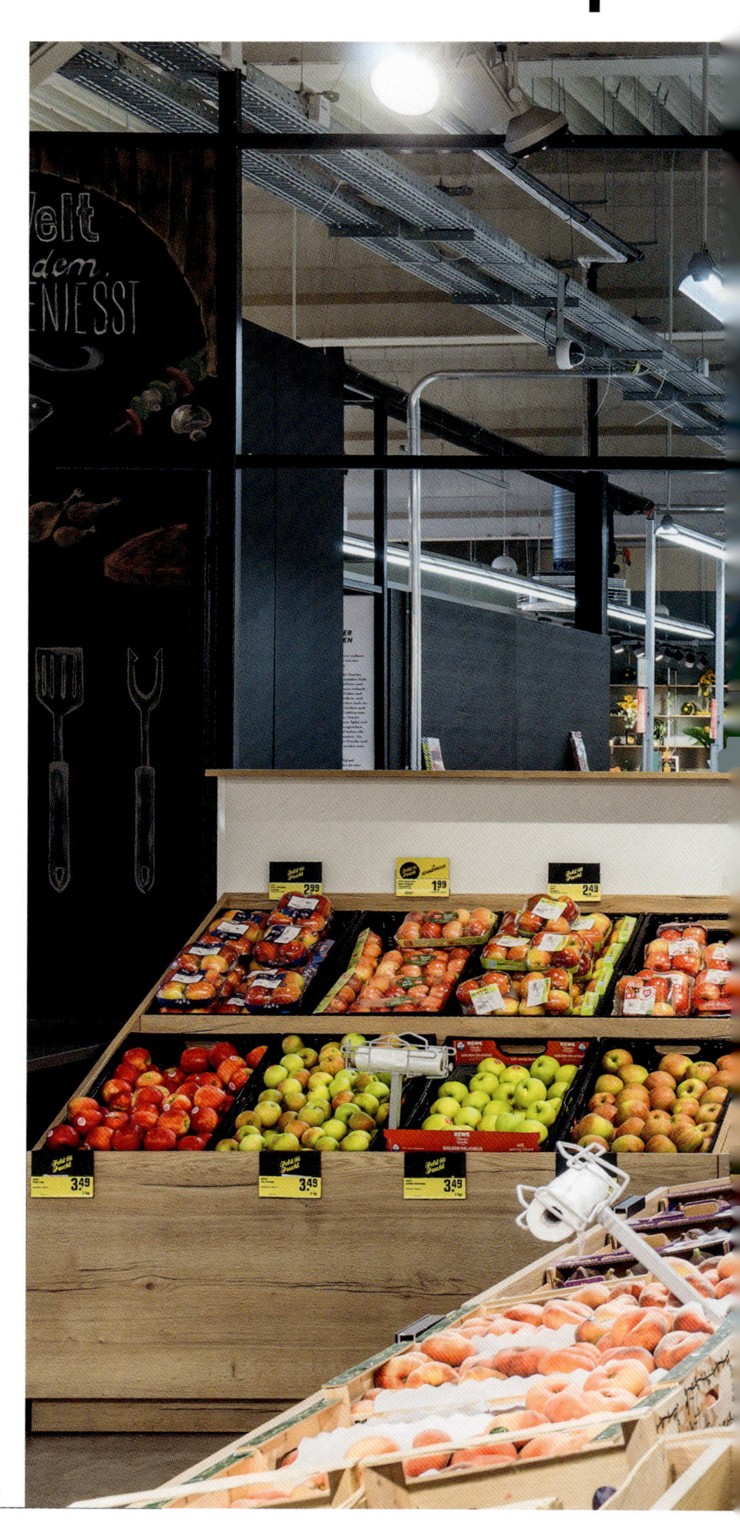

1

Die Obst- und Gemüseabteilung ist häufig das Aushängeschild eines Supermarkts. Im größten selbstständig geführten Rewe des Rhein-Main-Gebiets, dem Rewe Bernd Kaffenberger in Bad Vilbel, hatten die Agentur für Markenkommunikation burnthebunny sowie die Agentur für Erlebniskommunikation Jazzunique die Aufgabe, diese Abteilung in ein Einkaufserlebnis zu verwandeln.

Leitidee der Neugestaltung war der Wochenmarkt im Supermarkt, weil im neu geordneten und übersichtlicheren Angebot vor allem saisonale und regionale Produkte im Mittelpunkt stehen sollten. So holten die Agenturen durch eine natürliche Materialwahl sowie eine eindeutige Bildsprache das Wochenmarktambiente kurzerhand in den Rewe von Kunde Bernd Kaffenberger. Ein urbaner, gleichzeitig authentischer und hochwertiger Look entsteht durch die grafischen Elemente von burnthebunny

Jazzunique
Burnthebunny

ilbel (D)

Fotos: Kristof Lemp

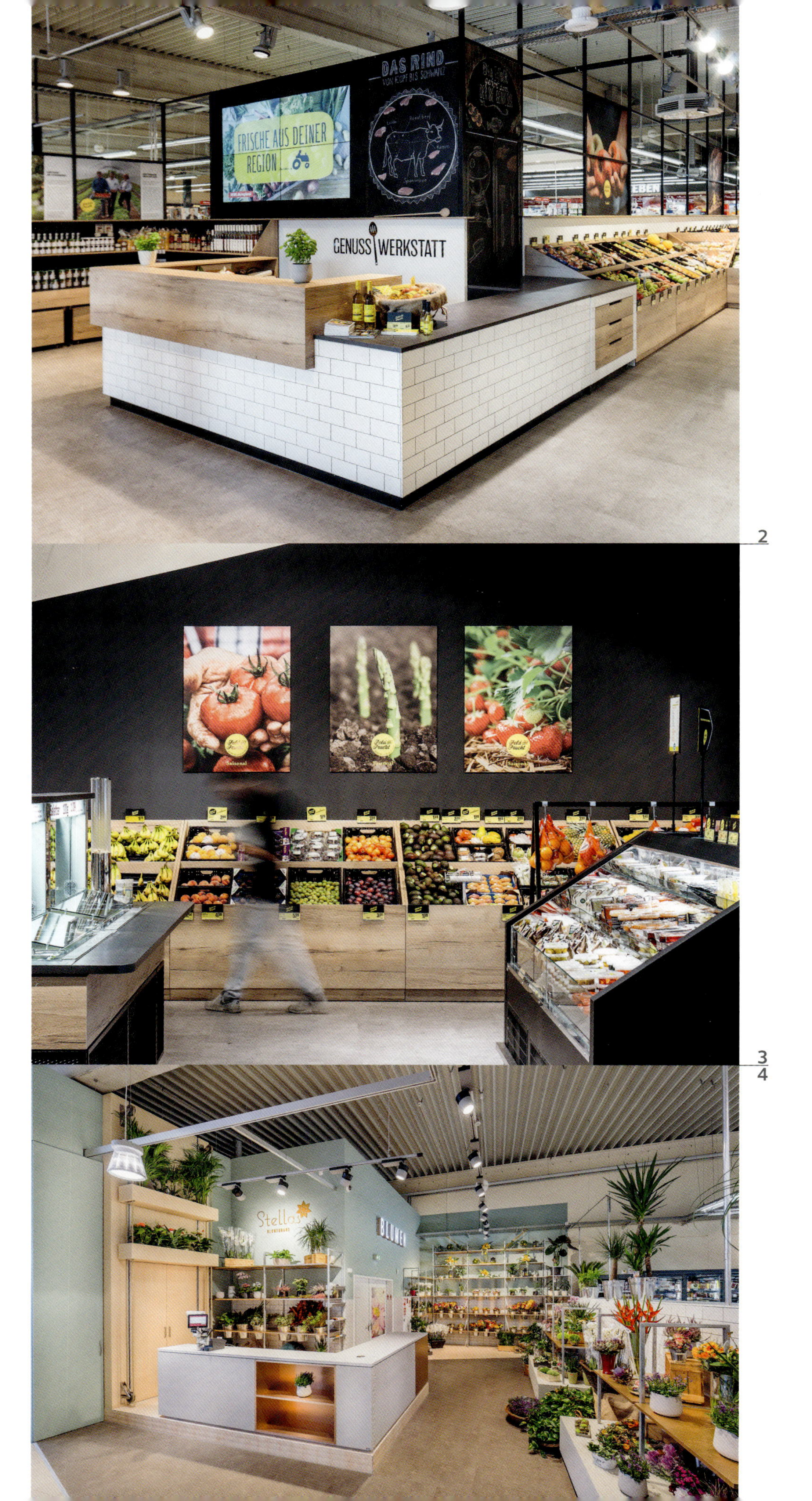

1 Die Möbel setzen die Frische und Regionalität der Waren natürlich in Szene.

2 Das Herzstück der Erlebniswelt ist die im Entrée gelegene Theke, an der Verkostungen stattfinden und neue Produkte vorgestellt werden.

3 Die neu konzipierten Laufwege und im Wochenmarktdesign entwickelten Möbel verleihen der gesamten Abteilung einen eigenen Charakter.

4 Auch die angeschlossene Blumenabteilung wurde in den konzeptionellen Umbau eingebunden.

5 Ziel des Marktumbaus war es, die Obst- und Gemüseabteilung in eine eigenständige Erlebniswelt zu verwandeln.

6 In der Blumenabteilung kann sich der Kunde die gewünschten Blumen individuell zusammenstellen.

Grundriss 1 Verkaufsraum
2 Kassenbereich **3** Café
4 Lagerraum

5

6

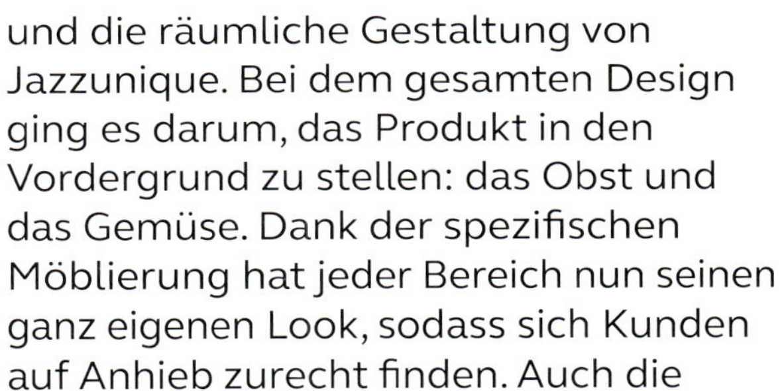

und die räumliche Gestaltung von Jazzunique. Bei dem gesamten Design ging es darum, das Produkt in den Vordergrund zu stellen: das Obst und das Gemüse. Dank der spezifischen Möblierung hat jeder Bereich nun seinen ganz eigenen Look, sodass sich Kunden auf Anhieb zurecht finden. Auch die Blumenabteilung wurde in den Umbau einbezogen. Mit eigener Kasse, eigener Blumenverkäuferin und vielen kleinen Details, wie dem Blumenfahrstuhl, eingelassenen Zinkeimern und modularem Mobiliar, lässt sich hier je nach Saison und Anlass die ganze Pracht der Blumen bewundern.

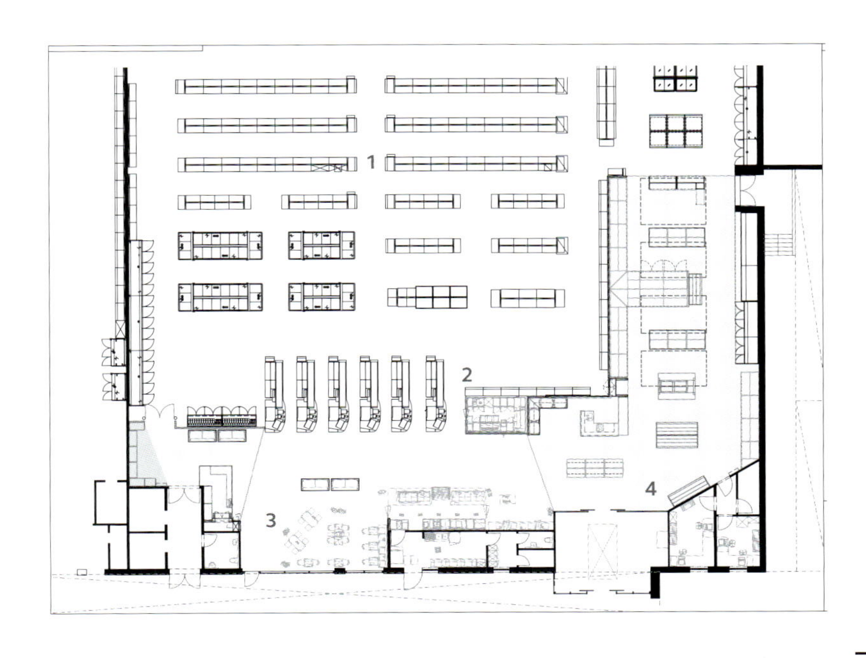

Biometzgerei Armbröster

Auftraggeber: Uwe Armbröster
BGF: 100 m²
2018

Kassel (D

Natürliche Materialien wie Holz, Fliesen und Putz prägen das Erscheinungbild der Biometzgerei Armbröster. Das vorherige Ladengeschäft im Erdgeschoss des mehrgeschossigen, innerstädtischen Wohnhauses, eines Kulturdenkmals, wurde denkmalgerecht zu einem Fleischereifachgeschäft umgebaut. Straßenseitig befinden sich zwei Verkaufsräume mit Einbaumöbeln, rückseitig eine Vorbereitungs- und Spülküche, die Kühlzelle und Personalräume. Neue, erforderliche Wasser- und Kühlleitungen wurden unterhalb der Kellerdecke verlegt.

Der Verkaufsraum der Metzgerei wird durch die Zweifarbigkeit von weißem Mineralstein und dunkel geräuchertem Holz bestimmt. Die Ware wird dadurch pointiert inszeniert. Selbst der Boden der Räume greift diesen Kontrast auf; die dadurch entstehende Unterteilung korrespondiert mit dem vorhandenen, konstruktiv bedingten Wandbogen und

1

Reichel Architekten

Fotos: Richard Reichel

2

3
4

1 Große Fenster eröffnen den Blick ins Innere der Biometzgerei Armbröster.

2 Das warme Licht, das durch die Fenster nach außen strahlt, hat eine einladende Wirkung.

3 Der Wandbogen hat sowohl eine ästhetische als auch eine gliedernde Funktion.

4 Das bunte Wandbild ist ein Blickfang im Raum.

5 Das Zusammenspiel von Hell und Dunkel bestimmt den Gesamteindruck des Verkaufsraums.

6 Die farbigen Zementfliesen des Wandbilds kontrastieren mit dem Gegenüber von Hell und Dunkel.

7 Auf der Verkaufstheke wird die Ware ansprechend präsentiert.

Grundriss 1 Vorbereitung **2** Umkleide **3** Kühlzelle **4** Theke

5

6

7

verleiht dem Raum Struktur. Auch die Theke hebt sich licht von den dunklen Wänden ab.

Als Kontrast zu dieser Klarheit von hell und dunkel wirken ein historisches, florales Deckengemälde und ein Wandbild aus farbigen Zementfliesen, das sich beinahe über eine gesamte Wandfläche ausdehnt und im Raum als optischer Bezugspunkt hervorsticht.

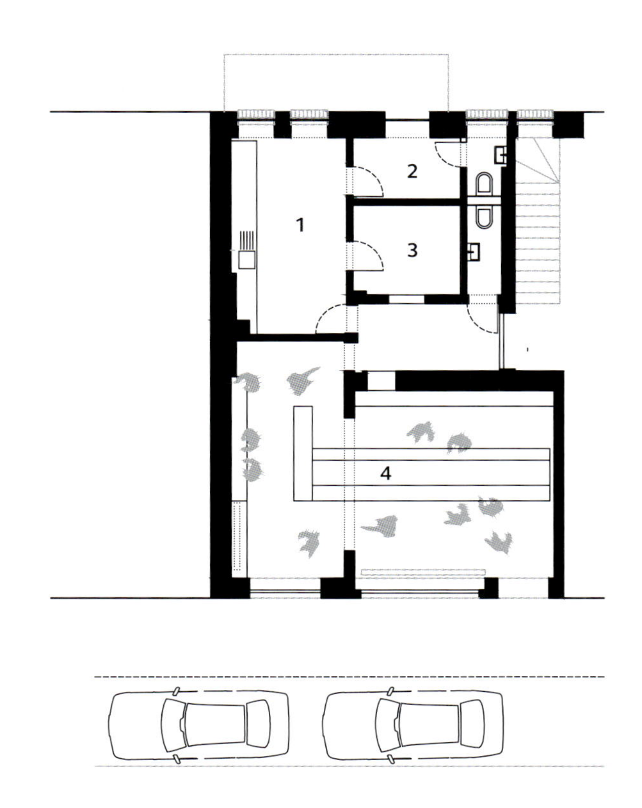

Marktkauf Gievenbeck

Münster (D)

Auftraggeber: EDEKA Handelsgesellschaft Rhein-Ruhr GmbH
BGF: 6000 m²; 2018

2018 eröffnet die Edeka Handelsgesellschaft die neu umgebaute Marktkauffiliale in Gievenbeck, Münster. Durch den Umbau musste eine klare Erweiterung der Lebensmittelsortimente sowie eine deutliche Verlagerung vom Nonfood hin zum Foodbereich entstehen.

Für diesen Store entwickelte Kinzel Architecture ein innovatives Design, mit modern-futuristischem Charakter, der die Besonderheiten des Standorts nutzt. Großzügigkeit und Übersichtlichkeit standen im Mittelpunkt des Konzepts.

So wurde die ungewöhnliche Höhe des Gebäudes von acht Metern genutzt, um dem Kunden ein außergewöhnliches Raumgefühl zu geben. Beginnend an der Außenfassade, begleitet ein in der Höhe skalierendes Wand-Deckenelement die Kunden durch den Markt und sorgt durch verschiedene Einfärbungen in bestimmten Sortimentsbereichen immer

1

Kinzel Architecture

Innenarchitektur: Kinzel Architecture
Lichtgestaltung: Bäro GmbH&Co.KG
Fotos: Guido Leifhelm / Mirko Krenzel

2

3
4

1 Die Bioabteilung ist durch abgehängte Pflanzen neben der Obst- und Gemüseabteilung ausgezeichnet.

2 Die Obst- und Gemüsewaren werden immer frisch bezogen.

3 Das sechs Meter hohe Weinregal ist ein Orientierungsspunkt im Markt.

4 Die ungewöhnliche Höhe des Raums gibt den Kunden ein besonderes Raumgefühl.

5 Fleisch und Wurst können die Kunden frisch an der Metzgertheke kaufen.

6 Die Käseecke befindet sich neben den Fischkühlregalen.

7 Das Wand-Deckenelement begleitet vom Eingang durch den gesamten Markt.

Grundriss **1** Eingang **2** Bioabteilung **3** Wein **4** Kassenbereich **5** Brot- und Käseinsel

5

6

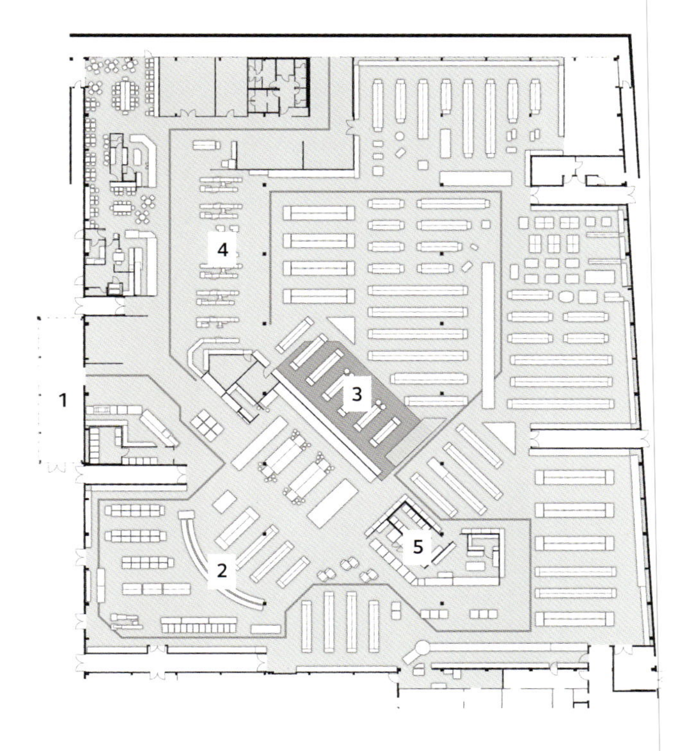

für eine gute Orientierung. Die Bioabteilung präsentiert sich mit einem hohen, gut sichtbaren grünen Wandelement.

Außergewöhnlich ist in diesem Markt auch die Anordnung der Sortimente, die sich als Themenbereiche um eine zentrale Insel aufbauen. Ein sechs Meter hohes Weinregal und ein mit Käselaiben bestückter Glasturm, der durch die verspiegelte Decke hoch bis zum Raumabschluss zu reichen scheint, dienen als markante Leuchttürme. Diese Anordnung, zusammen mit dem Wand-Deckenelement, führt zu einer klaren Segmentierung der Fläche und somit zu einer guten Übersicht für den Kunden.

Durch das neue Design und die Anpassung am Sortiment stehen eindeutig Qualität, Natürlichkeit und Frische der Produkte im Vordergrund.

7

De Biobuttek

Auftraggeber: Familie Lauterbour
BGF: 250 m²
2018

Differdingen (Lux)

De Biobuttek wechelte 2018 ihren Standort von der Cafeteria einer alten Gärtnerei zu einem gegenüberliegenden Gebäude. Frische und Beratung stehen im Konzept der Biobuttek im Vordergrund. Der Familie Lauterbour ist es wichtig, zum Wohlbefinden der Kunden und zum Umweltschutz beizutragen. Der Kunde als Mensch lautet ihr Motto.

Ein ehemaliger Schweinestall wurde von dem Eigentümer, Herrn Reichert, selbstständig restauriert. Das Planungsbüro Petzinger entwickelte das Konzept für den Bioladen und entwarf das Innenraumkonzept, welches vom Eigentümer umgesetzt wurde.

Intensive Farben prägen nun das Raumbild: Petrol im Backwarenbereich, Gelb in der Käsebox. Im Obst- und Gemüsebereich wurde ein Teil des ursprünglichen Trogs zur Schweinefütterung in die Warenpräsentation einbezogen. Im Eingangsbereich gibt es eine Ecke mit Bistro, in der frische Salate, Suppen und andere Speisen erhältlich sind.

Das Lichtkonzept wurde in enger Zusammenarbeit mit dem Leuchten-Hersteller Cedes entwickelt. Besondere Lampen im Kosmetikbereich schaffen eine Atmosphäre zum Wohlfühlen und Verweilen und setzen das Sortiment in Szene.

Entsprechend eines professionellen Feng Shui-Konzepts konnte der Laden modern und kundengerecht gestaltet werden und sorgt für einen harmonischen Auftritt. Von dem Entwurf, über die Detailplanung und das Projektmanagement mit Bauleitung bis zur Eröffnung wurde die Familie Lauterbour von der Firma Petzinger unterstützt.

PETZINGER

Lichtgestaltung: PETZINGER und CEDES
Freiraumplanung und Architektur: Herr Reichert (Eigentümer)
Fotos: PETZINGER

1

2 | 3

Grundriss 1 Kosmetikabteilung **2** Lager **3** Käsebox **4** Bedien- und Verzehrbereich

4

1 Die Kunden der Bistroecke haben die Möglichkeit, auch draußen zu sitzen.

2 Der Eingangsbereich wurde mit großen, einladenden Glasflächen versehen.

3 Die Ringleuchten an der Decke des Bioladens verbreiten eine angenehme Atmosphäre.

4 Der Backwarenbereich ist zugleich Bistro und bietet verschiedene Speisen und Getränke an.

5 Der Backwarenbereich wird durch die petrolfarbene Wand ausgezeichnet.

6 Der Bioladen befindet sich in einem alten, restaurierten Schweinestall.

7 Charakteristisch für die Käsebox ist eine gelbe Wand.

5

6

7

Brotzeit Berliner Platz

Auftraggeber: Bäckerei Görtz
BGF: 400 m²
2013

Speyer (D)

Der Berliner Platz in Speyer wurde im Rahmen des Projekts Soziale Stadt umgebaut und neu gestaltet. Es sollte ein Platz mit hoher Aufenthaltsqualität im Alltag für alle Generationen mit Kinderspielplatz und Wochenmarkt entstehen. Das Brotzeitgebäude dient diesem Platz als Zentrum. Es entstand in enger Zusammenarbeit mit der Stadt, dem Bäcker und den Landschaftsarchitekten als Zentrum der neuen Gesamtanlage. Neben der Bäckerei ist in dem Gebäude ein Stadtteilzentrum mit einer öffentlichen Toilette untergebracht.

Die Architektur fügt sich ganz selbstverständlich und klar in das städtebauliche Gefüge ein und setzt durch die unterschiedlichen Höhenstaffelungen der Dachebene belebende und moderne Akzente in die vorhandene Straßenflucht. Die einzelnen Nutzungen sind im Grundriss und der Fassade durch die Materialität und die Konstruktion ablesbar.

1

Jarcke Architekten

Freiraumgestaltung: Landschaftsarchitekten Bierbaum Aichele

2

3
4

1 Ansicht der Brotzeitfiliale mit Bushaltestelle.

2 Blick auf die Brotzeitstube Speyer mit dem Berliner Platz im Hintergrund.

3 Der Außenbereich im Sommer mit einer Wasserspielanlage für Kinder.

4 Der Eingang zeigt eine Mischung aus Glas, Holzverschalung und Faserzementplatten.

5 Der Innenraum mit Ausblick in Richtung Norden.

6 Die Holzelemente als Tragkonstruktion sind ein wichtiger Bestandteil des Innenraums.

7 Die Einrichtung der Brotzeit Speyer wurde einheitlich in Holz gehalten.

Grundriss **1** Gastraum **2** Verkauf **3** Gemeinschaftsraum **4** Quartiersbüro

5

6

7

Die Cafénutzung öffnet sich mit der großzügigen Verglasung zu drei Seiten und lädt zum Eintreten, Durchblicken und Verweilen ein. Der Grundriss besteht aus drei Elementen: im südlichen Gebäudeteil befinden sich die Räume der Stadt, im nördlichen das Café und dazwischen die Sanitäreinrichtungen.

Das Gebäude wurde in Holzrahmenbauweise erstellt. Die Fassade verbindet Glas, Holzverschalung und Faserzementplatten. Durch die Konstruktionsweise konnte eine kurze Bauzeit sichergestellt werden. Die Holzelemente der Tragkonstruktion im Inneren bilden, in sorgfältiger Abstimmung mit den gestrichenen Oberflächen der Innenräume und der großzügig verglasten Fassade, die Grundlage für eine behagliche Atmosphäre. Das Ergebnis ist eine architektonisch und städtebaulich hochwertige Gesamtanlage mit der Brotzeitfiliale als Zentrum des neuen Platzes.

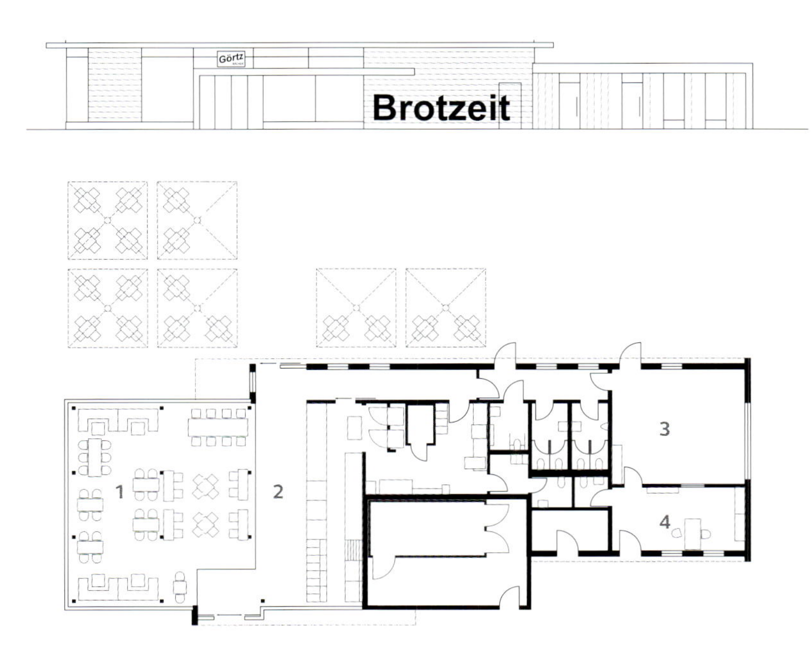

Stadtteilzentrum Candis

Auftraggeber: S+P Development Objekt 17
BGF: 8.600 m²
2015

Regensbur

Auf dem ehemaligen Südzuckerareal in Regensburg entsteht unter dem Namen Candis ein neuer, moderner Stadtteil mit Wohnungen und Infrastruktur. An der Straubinger Straße hat RKW hierfür ein neues Stadtteilzentrum realisiert, das einen Vollsortimenter mit einer darauf aufgesetzten Stadtteilbücherei verbindet.

Über eine einladende Treppe wird die Bücherei erschlossen, die von einer semitransluzenten Hülle mit farbigen Stäben umgeben ist. Sie spiegeln die vertikale Abfolge der Bücher der Bibliothek aber auch die Vielfalt des Stadtteils wider und tragen Tag und Nacht zu einer spannenden, prägnanten Außenwirkung bei. So setzt das Gebäude ein weithin sichtbares Zeichen und definiert eine städtische Raumkante.

1

D)

RKW Architektur +

Foto: Marcus Pietrek

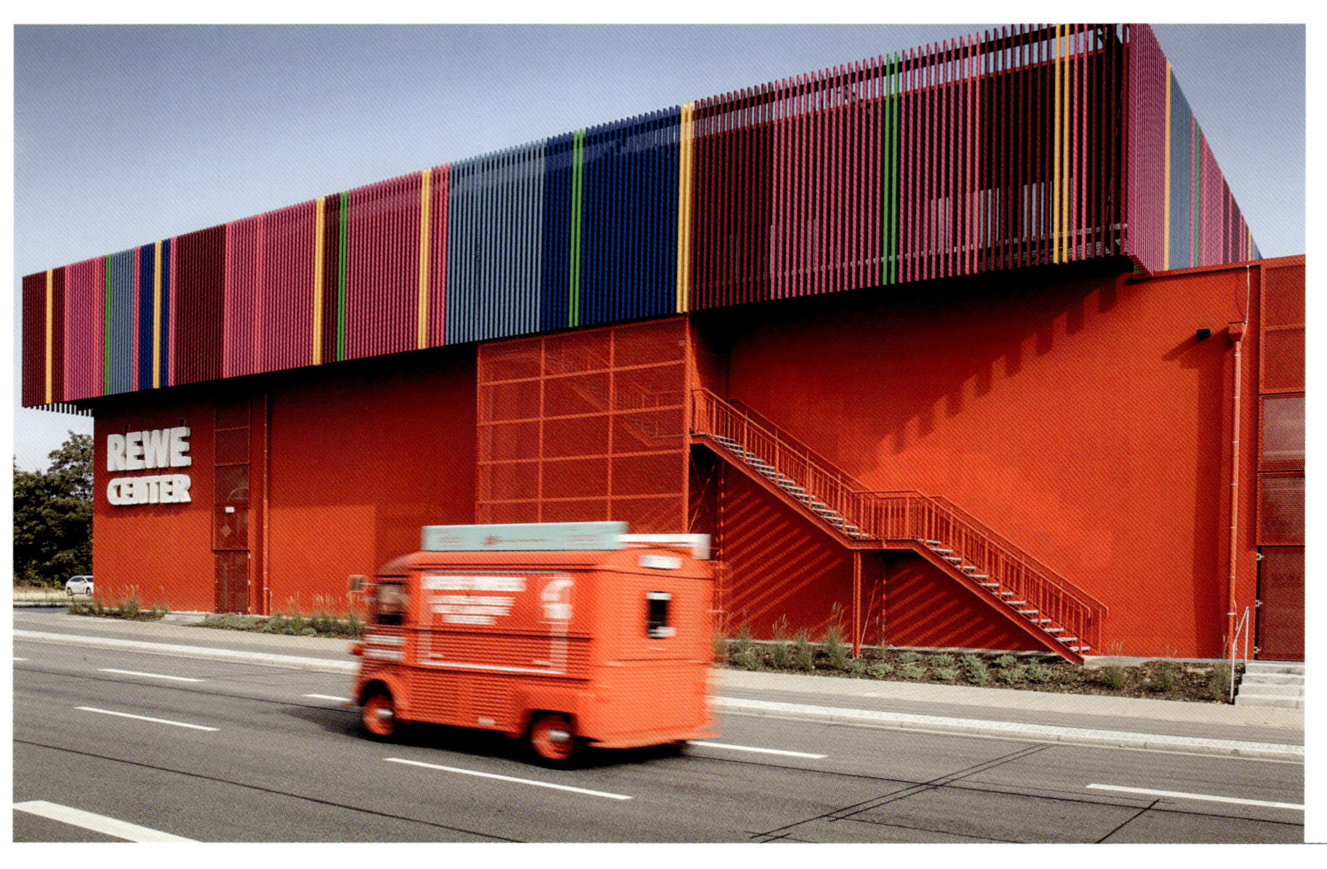

3

2

4

5

1 Durch die Verbindung von Supermarkt und Bücherei wird das neue Stadtteilzentrum zum Magnet im Quartier Candis.

2 Im Erdgeschoss befindet sich der Vollsortimenter, im aufgesetzten Obergeschoss die Stadtteilbibliothek.

3 Die Farbgebung zieht Blicke und somit auch Besucher an.

4 Die Bibliothek fungiert als Treffpunkt des öffentlichen Lebens im Stadtteil.

5 Die Fassadengestaltung ermöglicht spannende Perspektiven von innen nach außen.

Essmann's Backstube

Auftraggeber: Essmann's Backstube
BGF: 171 m²
2018

Coesfeld (D)

Der Umbau der Coesfelder Filiale war das erste Projekt von Essmann´s Backstube im neuen Design. Wichtig war dem Kunden eine gesunde Kombination aus Tradition und Innovation mit Blick auf Regionalität, Nachhaltigkeit und Bioprodukte. Industrial Style, Cosy Home und Cosy Kitchen sollten die Gestaltung prägen. Aber auch Materialvorgaben wie Metrofliesen und Holz sowie das Thema Feng Shui waren Bestandteil des Briefings. Eine emotional einladende und zudem funktionale Warendarstellung sollte geschaffen werden.

Wichtig war Essmann's Backstube zudem die gestalterische Einbindung des Außenbereichs an den Innenraum sowie die Gestaltung der Nebenräume für Kunden und Mitarbeiter. Neben dem Anspruch an die Gestaltung lag der Fokus auf Funktionalität, insbesondere im Thekenbereich, einhergehend mit einem optimalen Arbeitsablauf.

1

Fotos: Stefan Durstewitz

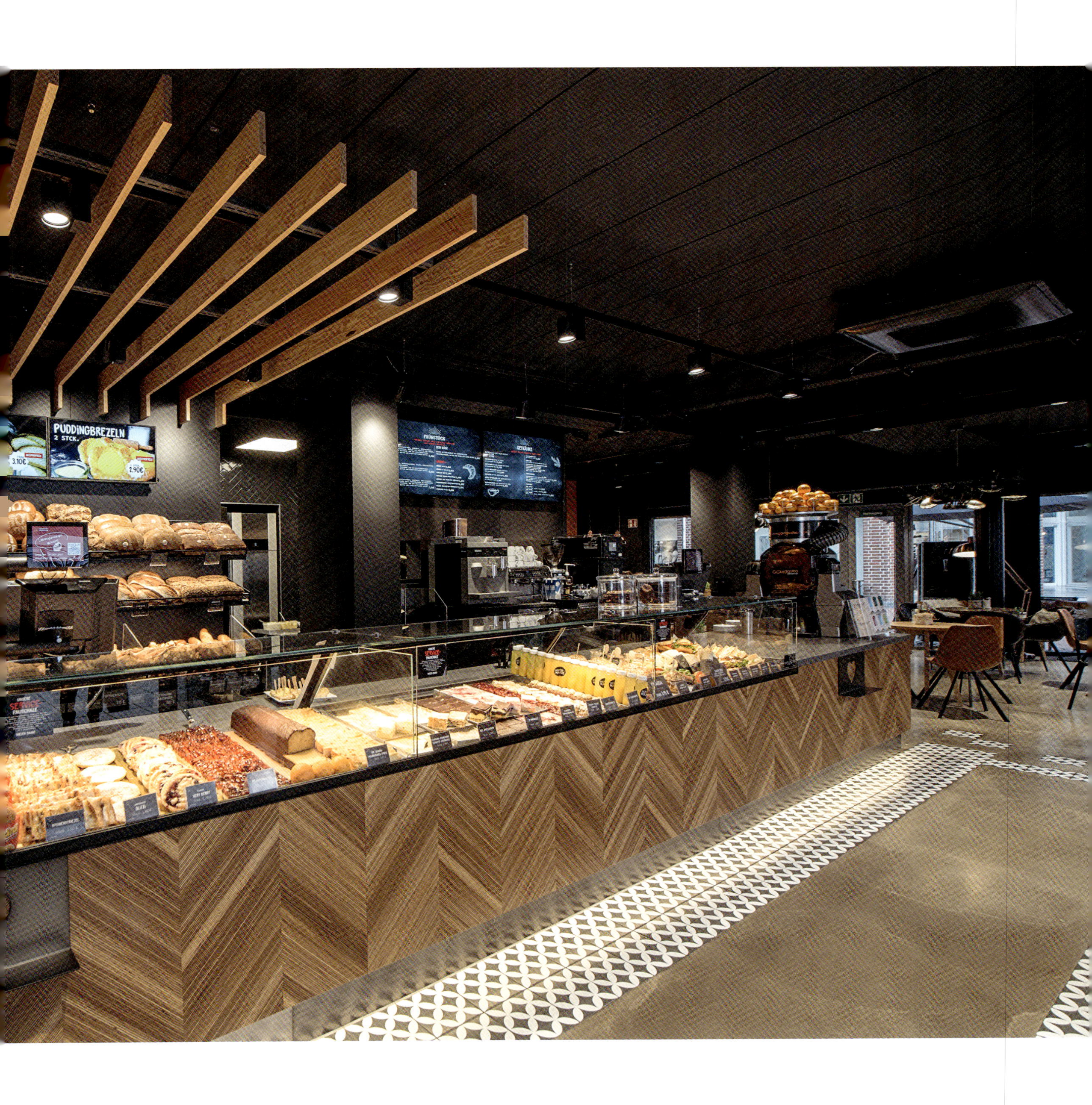

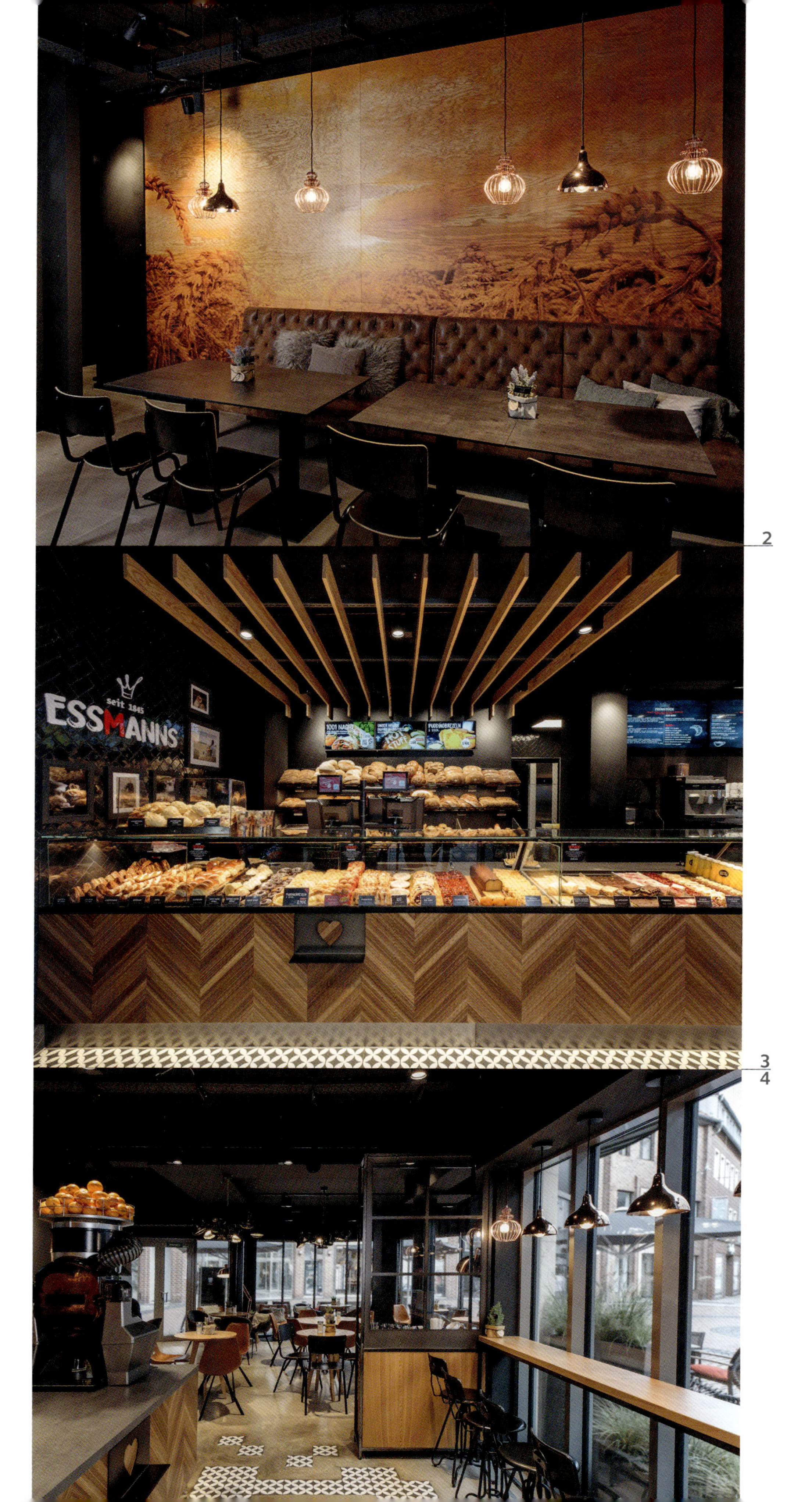

1 Die Thekenverkleidung zeigt die vom Konzept des Feng Shui Bagua abgeleitete Ährenstruktur.

2 Hinter der gemütlichen Sitzecke breitet sich das große Seekieferbild aus.

3 Auf der großen Theke werden vielseitige Waren präsentiert.

4 Der Sitzbereich direkt am Fenster bietet einen schönen Ausblick nach draußen.

5 Durch die große Fensterfront kommt viel Licht in den Raum.

6 Die Lampen tauchen den Holzdruck in warmes Licht.

7 In Sitznischen können sich Besucher entspannen und sich an der Kaffeetheke bedienen.

Grundriss **1** Sitzbereich **2** Sanitärräume **3** Küche **4** Verkaufstheke

5

6

7

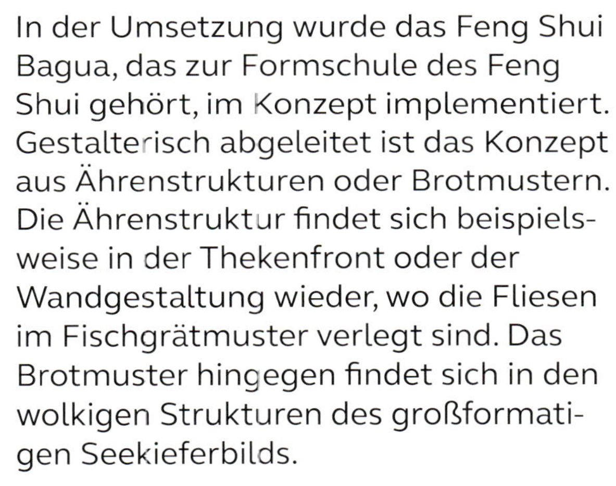

In der Umsetzung wurde das Feng Shui Bagua, das zur Formschule des Feng Shui gehört, im Konzept implementiert. Gestalterisch abgeleitet ist das Konzept aus Ährenstrukturen oder Brotmustern. Die Ährenstruktur findet sich beispielsweise in der Thekenfront oder der Wandgestaltung wieder, wo die Fliesen im Fischgrätmuster verlegt sind. Das Brotmuster hingegen findet sich in den wolkigen Strukturen des großformatigen Seekieferbilds.

Authentische Materialien wie massive Eiche, Schwarzstahlverkleidungen oder Spachtelboden, kombiniert mit gemusterten Fliesen, kamen zum Einsatz. Der Cafébereich ist mit verschiedenen Sitzmöbeln gestaltet und mit loungeartigen Strukturen erweitert. Dieser Charakter zieht sich bis in den Außenbereich durch, um den Kunden neben der kulinarischen Vielfalt zusätzlich mit einer hohen Aufenthaltsqualität zu begeistern.

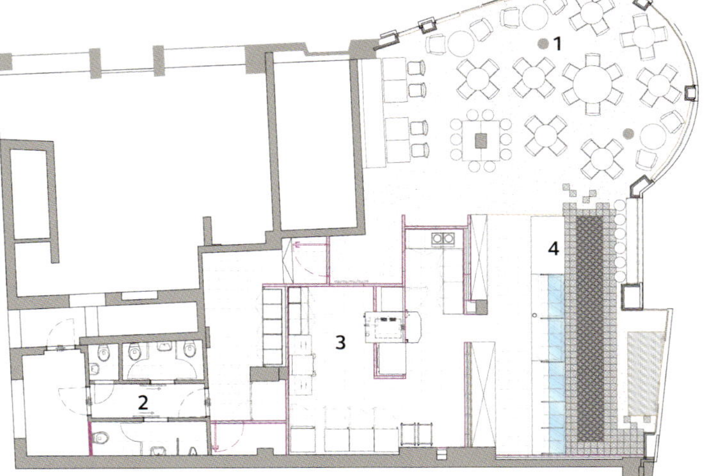

MPreis Piesendorf (A)

Auftraggeber: MPREIS Warenvertriebs GmbH
BGF: 1.147,7 m²
2016

1

Östlich vom Ortskern der Gemeinde Piesendorf wurde ein bestehender Lebensmittelmarkt aus den 1990er-Jahren abgerissen und stattdessen ein formal und energetisch zeitgemäßer Supermarkt mit integrierten Gastronomiebetrieb in Passivhausstandardbauweise mit Photovoltaikanlage am Dach errichtet. Die Eingliederung des überörtlichen Radwegs in den neuen, langgezogenen Kreisverkehr und die Zufahrtsmöglichkeit per Rad zur Kundenparkfläche des MPreis wurden ebenfalls neu geschaffen.

Die Längsausdehnung des neuen Gebäudes parallel zur Bundesstraße bietet eine bauliche Lärmschutzmaßnahme für das dahinter liegende Wohngebiet. Der Lebensmittelmarkt ist eingeschossig organisiert und die Lage im auslaufenden Hang lässt einen Großteil der Kubatur im Gelände verschwinden.

Fügenschuh Hrdlovics Architekten

Fotos: David Schreyer / www.schreyerdavid.com

1 Der neugebaute MPreis in Piesendorf ist eine zentrale Anlaufstelle für die umliegenden Bewohner.

2 Im Zuge einer Neustrukturierung der öffentlichen Verkehrssituation wurde eine zeitgemäße Verkehrslösung gefunden.

3 Der massive Beton und die leichte Holzkonstruktion bilden gemeinsam einen ausgewogenen Hintergrund, um die gesamte Warenpalette zu präsentieren.

4 Der Gastronomiebereich lockt die Kunden an und lädt zum Verweilen ein.

5 Roh belassenes Fichtenholz an Decke und Südfassade bilden einen warmen Kontrapunkt zu Sichtbetonoberflächen an Boden und Nordwand.

6 Der Kundenzugang erfolgt südseitig über den vorgelagerten Kundenparkplatz, der zusätzlich als Pufferzone zur Mittersiller Bundesstraße dient.

7 Die dunkel lasierte Holzfassade kontrastiert das Lichtspiel der Sonne an den golden schimmernden Zylindern.

Aufriss

Grundriss **1** Zufahrt und Kundenparkplatz **2** Gastronomiebereich **3** Verkaufsraum **4** Zulieferung **5** Lager

5

6

7

Sämtliche erdberührenden Bauteile, Bodenplatte, Nord- und Ostwand, sind in Stahlbeton ausgeführt, alle übrigen sind in einer sichtbaren, atmosphärisch wirksamen Holzkonstruktion umgesetzt.

Ein an das Sonnenstandsdiagramm angepasstes Sonnenschutzkonzept mit tiefen, vorgehängten Messingzylindern vor den südlich ausgerichteten Glasfassadenelementen verhindert eine Überhitzung der Innenräume in den Sommermonaten und ermöglicht einen passiven Sonnenenergieeintrag für das Gebäude in den Wintermonaten.

Die feingliedrige Fassadenstruktur lässt das Bauvolumen elegant in Erscheinung treten und löst sich gegen Westen in eine raumhohe Holz-Glasstruktur auf.

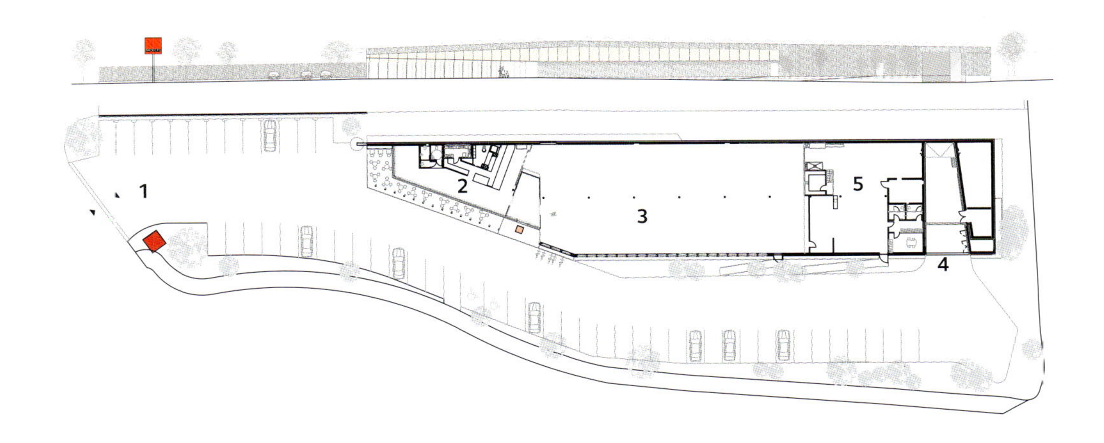

Reformhaus Stibi

Auftraggeber: Manuela Stibi
BGF: 150 m²
2017

Lindenberg im Al

1

Dem kleinen und alt eingesessenen Reformhaus Stibi in Lindenberg stand 2017 ein Umzug mit einer Vergrößerung von 40 auf 150 Quadratmeter bevor. Nach der Präsentation des Gesamtkonzepts aus Grundriss und Gestaltung des Planungsbüros Petzinger entschloss sich der Eigentümer, Herr Haisermann, dazu, das alte Gebäude abzureißen und dem Konzept folgend einen neuen Raum zu schaffen.

Durch die Vergrößerung der Verkaufsfläche wurde die Chance genutzt und das Sortiment erweitert, unter anderem um die Bereiche Obst und Gemüse und Unverpackt. Das erfolgreich umgesetzte Konzept begeistert die Kunden, zumal nun für Publikum und Passanten die Möglichkeit besteht, in dem kleinen Verzehrbereich innen und außen frische Köstlichkeiten zu genießen.

PETZINGER

(D)

Lichtgestaltung: PETZINGER und CEDES
Freiraumplanung: Vorgaben der Stadt Lindenberg
Fotos: PETZINGER

2 | 3

1 Der Kunde hat die Möglichkeit, im Reformhaus etwas zu essen und zu trinken.

2 Die Obstabteilung wurde mit dem Umbau zum Sortiment hinzugefügt.

3 Die Weinabteilung hat für jeden Anlass das passende Angebot.

4 Das Homöopathieregal hat in der neuen Filiale weiterhin viel Platz.

5

6

7

4

Bei der Planung und Umsetzung standen ökologische Kriterien im Vordergrund. Mit der Abwärme der Kälteanlage wird der Keller geheizt, der zertifizierte Bio-Bodenbelag ist komplett recycelbar und die LED-Beleuchtung spart Energie. Die nachhaltige Einrichtung besteht hauptsächlich aus Holz.

Das unermüdliche Engagement von Manuela Stibi zahlt sich durch begeisterte Kunden und die Auszeichnung als Reformhaus des Jahres 2018 in der Kategorie Innovationspreis aus.

5 Der Großteil der Einrichtung besteht aus Holz.

6 Der Kunde kann verschiedene Käsesorten probieren und kaufen.

7 Vom Kassenbereich hat man einen guten Überblick über den Verkaufsbereich.

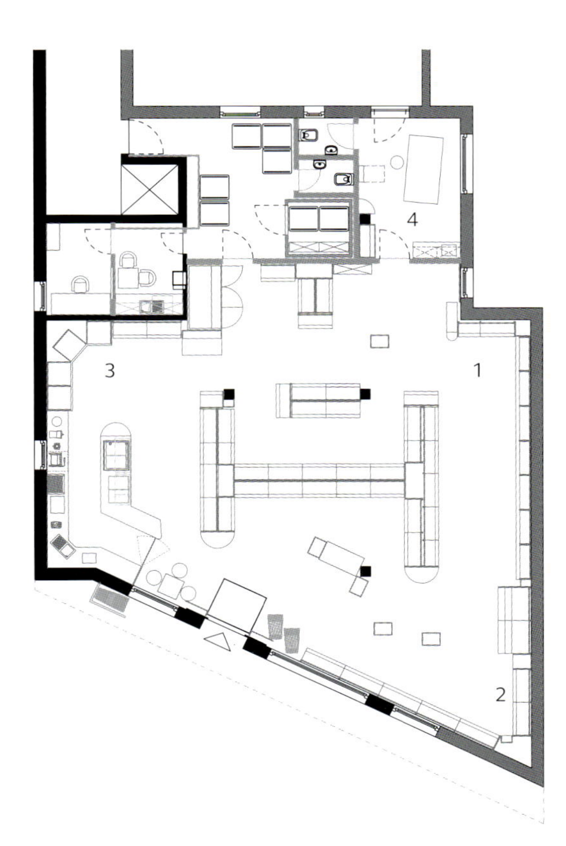

Grundriss 1 Kosmetikabteilung **2** Unverpackt **3** Wein- und Feinkostabteilung **4** Kosmetik-Behandlungskabine

Bäckerei Rutz

Auftraggeber: Bäckerei Rutz
BGF: 130 m²
2016

Bad Schönborn (D)

1

Die neue, freistehende Filiale der Bäckerei Rutz in Bad Schönborn ist mit ihrer großen Glasfront, auf der das Firmenlogo abgebildet ist, schon von Weitem zu erkennen. Ein Blick in das Ladeninnere und auf die Backwaren wird durch die großen Fenster gewährleistet. Schon der erste Eindruck vermittelt eine helle, einladende und freundliche Atmosphäre.

Direkt vor der Filiale befinden sich Parkplätze, damit die Kunden auch bei schlechten Wetterbedingungen entspannt einkaufen können. Beim Betreten des Ladens zeigt sich ihnen die lange Theke mit einem weit gefächerten Angebot an Backwaren. Die gesamte Gestaltung bietet ihnen ausreichend Raum. Auch Müttern mit Kindern wird großzügig Platz für den Kinderwagen geboten; ein Wickeltisch und ein Spieltisch stehen zur Verfügung. Eingang und Toilette sind barrierefrei. Das Ambiente

Rutz
VERRÜCKT NACH
GUTEM BROT.

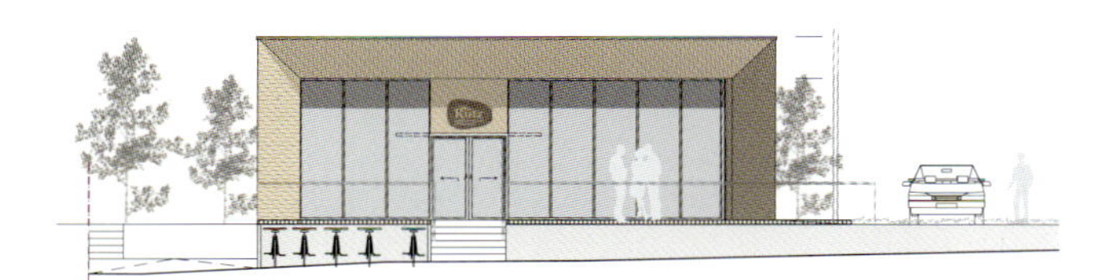

ist – der Tradition der Bäckerei folgend – modern, stilvoll und dennoch gemütlich. Farbtöne aus Beige, Braun und Bronze schaffen eine helle und warme Stimmung. Bunte Retrosessel in Blau, Grün und Orange sorgen für einen modernen und frechen Touch.

Jede Filiale der Bäckerei Rutz besitzt besondere, herausstechende Elemente. In Bad Schönborn sind diese eine edle graublaue Tapete mit goldenen Sprenkeln und ein moderner, stilisierter brauner Baum. Seine Zweige akzentuieren die helle Decke und seine Früchte sorgen für ein angenehmes Licht und eine heimelige Atmosphäre. Auf dem bequemen Ecksofa oder der gemütlichen, großen Terrasse kann man entspannt verweilen. So gestaltet bietet sich die Bäckerei Putz über den reinen Einkauf hinaus als Café für kleine und große Pausen an.

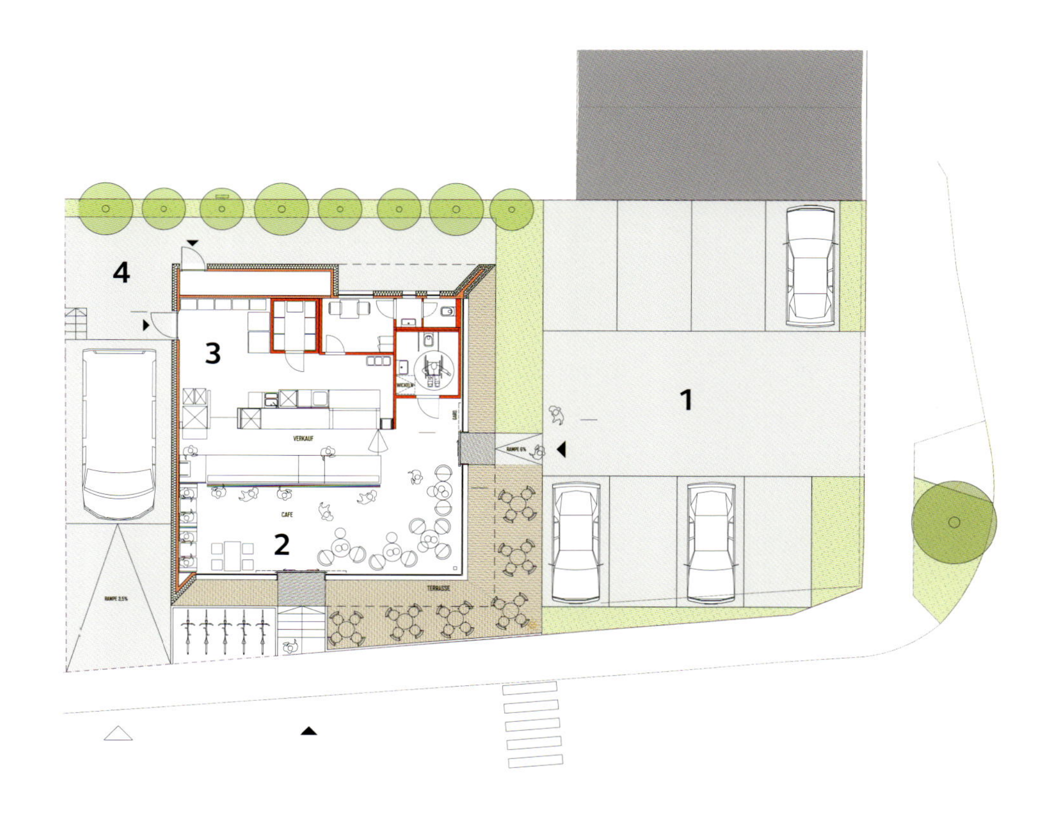

Grundriss 1 Parkplatz **2** Cáfe/ Bäckerei **3** Küche **4** Anlieferung

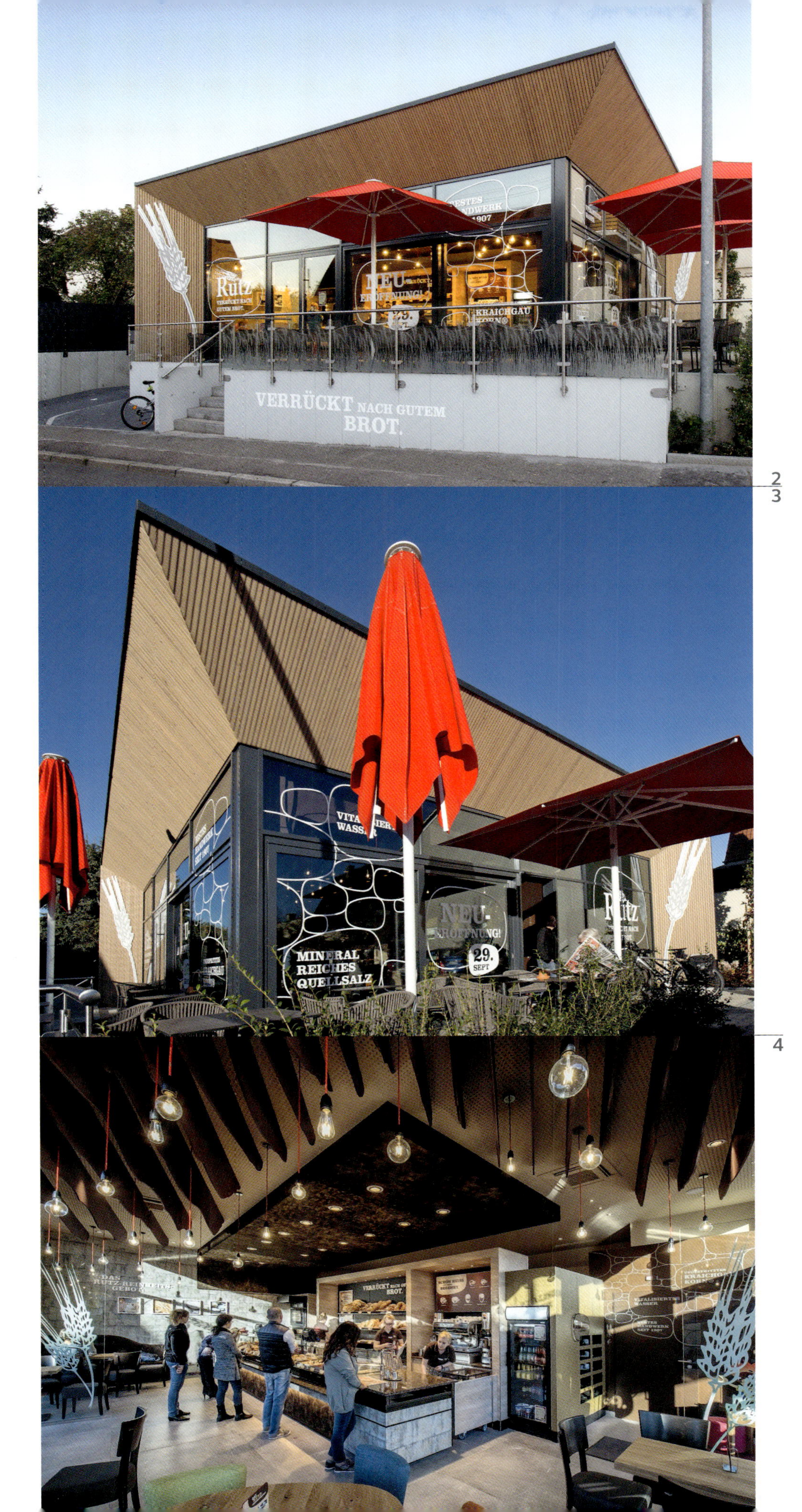

1 Der Eingang der Bäckereifiliale ist barrierefrei. Die große Fensterfront gibt den Blick in das Ladeninnere frei.

2 Auf den großen Scheiben werden aktuelle Angebote und das Logo der Bäckerei gezeigt.

3 Bei gutem Wetter kann man es sich auf der Terrasse des Cafés der Bäckerei gemütlich machen.

4 Die Äste des Baums mit seinen Früchten als Lampen schaffen eine individuelle Atmosphäre.

Crown Berliner Allee

Düsseldorf (D)

Auftraggeber: Kölnische Haus- und Grundstücksverwaltung Dr. Koerfer
BGF: 64.300 m²; 2018

1

Das Kaufhof-Gebäude an der Berliner Allee wurde unter Mitwirkung des RKW-Gründers Helmut Rhode in den 1950er-Jahren, damals noch für den Horten-Konzern, errichtet. Die Erneuerung dieser städtischen Institution stellte eine große Herausforderung dar, denn es ergab sich die Frage, wie ein eigenes Haus, das in die Jahre gekommen ist, adäquat transformiert werden sollte. Im Ergebnis sollte das Überlieferte weiterleben und trotzdem eine neue Ära eingeleitet werden.

Zudem ging es darum, eine Antwort auf den nicht mehr zeitgemäße Typus bestehender Warenhäuser zu finden und eine Art Prototyp für andere Standorte mit derselben Problematik zu entwickeln. Neben der thematischen Zielsetzung spielte auch der Städtebau eine große Rolle: Wie und mit welcher Art von Architektur kann man an einem solch innerstädtischen Grundstück agieren?

RKW Architektur +

Fotos: Marcus Pietrek

2

3
4

1 Das Crown ist für die Stadt Düsseldorf von enormer städtebaulicher Bedeutung.

2 Der derzeit größte Luxussupermarkt Deutschlands bietet eine vielfältige Auswahl exklusiverer Produkte.

3 Der Frischemarkt wird durch Gastronomieangebote ergänzt, dabei sind Präsentation und Zubereitung direkt erlebbar.

4 Die Erlebnisgastronomie im Frischemarkt vervollständigt das Gesamtkonzept und lockert es spürbar auf.

5 Zum Wohlfühlfaktor des Markts tragen das offene, übersichtliche Raumkonzept und die ansprechende Lichtgestaltung bei.

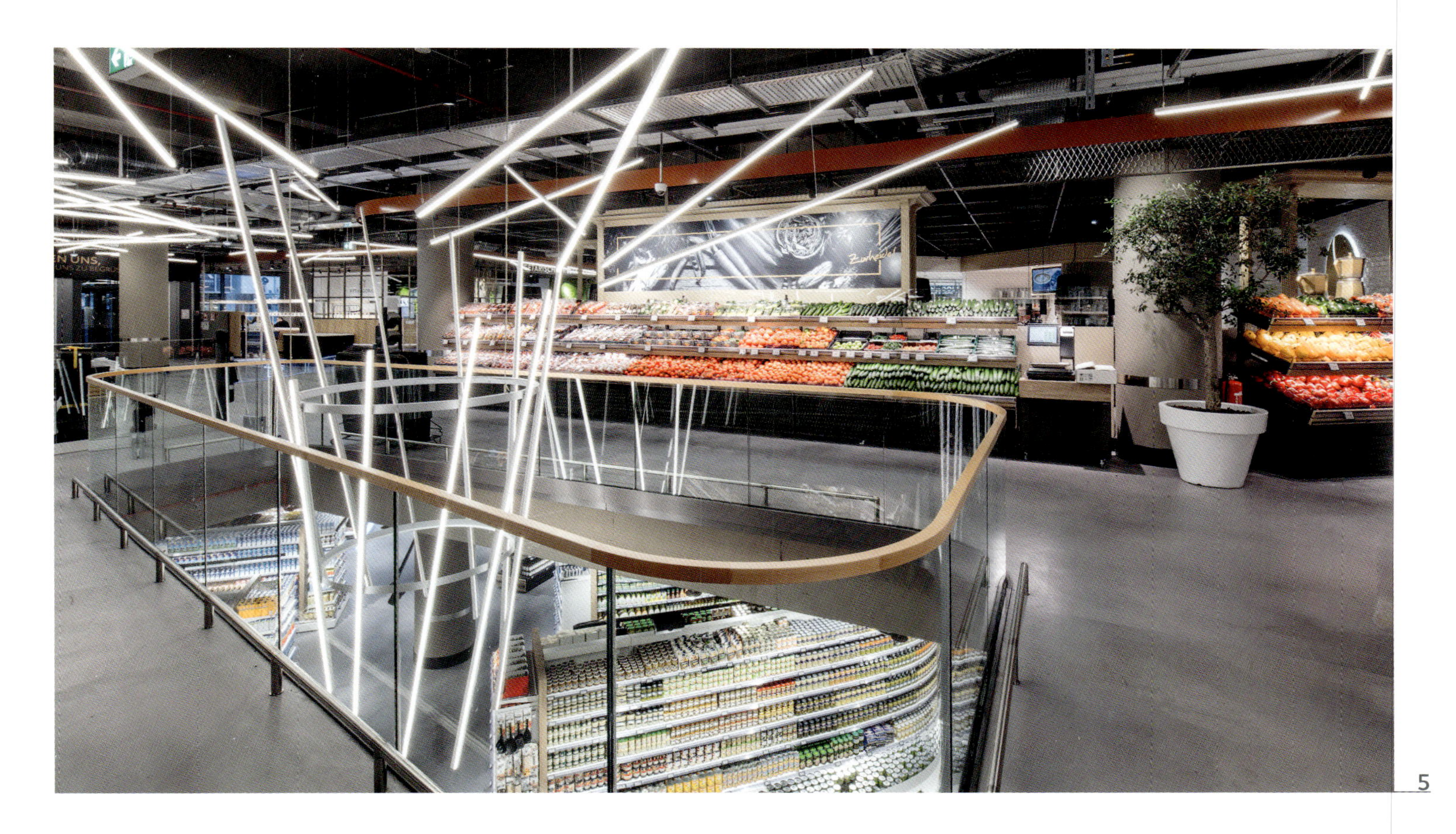

5

Die neue „Krone“ der Innenstadt wird durch die horizontale Schichtung verschiedener Nutzungen geprägt. So sind Erdgeschoss und Untergeschoss dem Frischemarkt von Edeka Zurheide vorbehalten, der mit einer Verkaufsfläche von 12.000 Quadratmetern der derzeit Größte Deutschlands ist. Darüber befindet sich ein Parkhaus mit drei Ebenen für insgesamt 500 Stellplätze. Die oberste Schicht bildet ein Drei-Sterne-Cityhotel des Betreibers Carat mit 200 Zimmern und einem innenliegenden Dachgarten. Durch diese Mischnutzung erhält das Crown städtebauliche Bedeutung, da es die Achse der Graf-Adolf-Straße stärkt und das Viertel tagsüber durch den Handel und die Parkmöglichkeiten sowie abends durch das Hotel und die Gastronomie belebt.

Die äußere Gestalt der unteren Etagen folgt den ursprünglichen Fluchtlinien. Die Architektur sah auch jetzt eine vorgehängte leichte Metallfassade vor. So kann die Formgebung der unteren Geschosse mit den ablesbaren Dreiecken in einem markanten, schimmernden Kupferton auch als Anlehnung an den alten Horten-Stein begriffen werden – gleichzeitig erklärt sich dadurch auch die Assoziation mit der namensgebenden Krone. Darauf aufgesetzt und sichtbar durch eine Fuge abgetrennt, befindet sich der zweigeschossige, gläserne Baukörper für das Hotel.

Die Erschließung der Hauptnutzung erfolgt weithin sichtbar über eine gläserne, weit geöffnete Fassade an der Ecke Berliner Allee und Graf-Adolf-Straße. An diesem und anderen bedeutenden Eckpunkten des Hauses sind LED-Bildschirme für Werbezwecke in die Fassade eingelassen. Das Konzept der dem Tagesverlauf folgend ausgeleuchteten Lichtfassade trägt ebenfalls zum hohen Wiedererkennungswert des Gebäudes bei.

Albert Anker

Stillleben mit Kaffee, 1877, Ölfarbe auf Leinwand, 45 ×: 59 cm, Stiftung für Kunst, Kultur und Geschichte, Winterthur

Confiserie Eichenberger

Auftraggeber: Daniel Eichenberger
BGF: 135 m²
2015

Bern (CH)

Seit 1959 ist die Confiserie Eichenberger ein traditionelles Familienunternehmen. Das spiegelte sich bis dato auch in der Architektur ihrer Fillialen wieder, die eine bodenständige, familiäre Atmosphäre ausstrahlen sollen.

Für die Filiale PostParc Bern bestand die Herausforderung nun darin, aus der eher traditionellen Ladenkette einen andersartigen und moderneren Look zu generieren, welcher sich vorteilhaft in die neue Großüberbauung einbindet.

Die Filiale sollte in einem neuartigen, zeitgemäßen Look in Erscheinung treten, der erst auf den zweiten Blick an die traditionellen Filialen erinnert – nordisch inspiriert und doch urban. Priorität hatte die harmonische Verschmelzung eines Take away-Bereichs, eines kombinierten Schaufenster- und Stehbarbereichs wie eines gemütlicheren, eher intimeren Sitzbereichs.

1

dioma ag

Fotos: Love Weber / www.loveweber.ch

2

3

Hauptbestandteil des Farb- und Materialkonzepts bildet Eichenholz in Kombination mit einem frischen, hellen Grünton. Akzentfarben und -materialien wie neutrales Weiß, Beige, Kupfer und Anthrazit dienen zur Spannungssteigerung.

Das E des Logos von Eichenberger wurde in der Farbe angepasst, ist aber mit seiner Form ein immer wiederkehrendes Element mit großem Corporate Design-Charakter.

Wesentliches Designelement sind die modernen Pendelleuchten, die die Backwaren mit einer auffälligen Akzentbeleuchtung präsentieren. Sie bilden einen modernen Gegenpol im Kontrast zum bodenständigen Eichenholzinterieur. Die Stahlrohrregale strukturieren den Raum noch darüber hinaus und inszenieren die abgepackten Süßwaren.

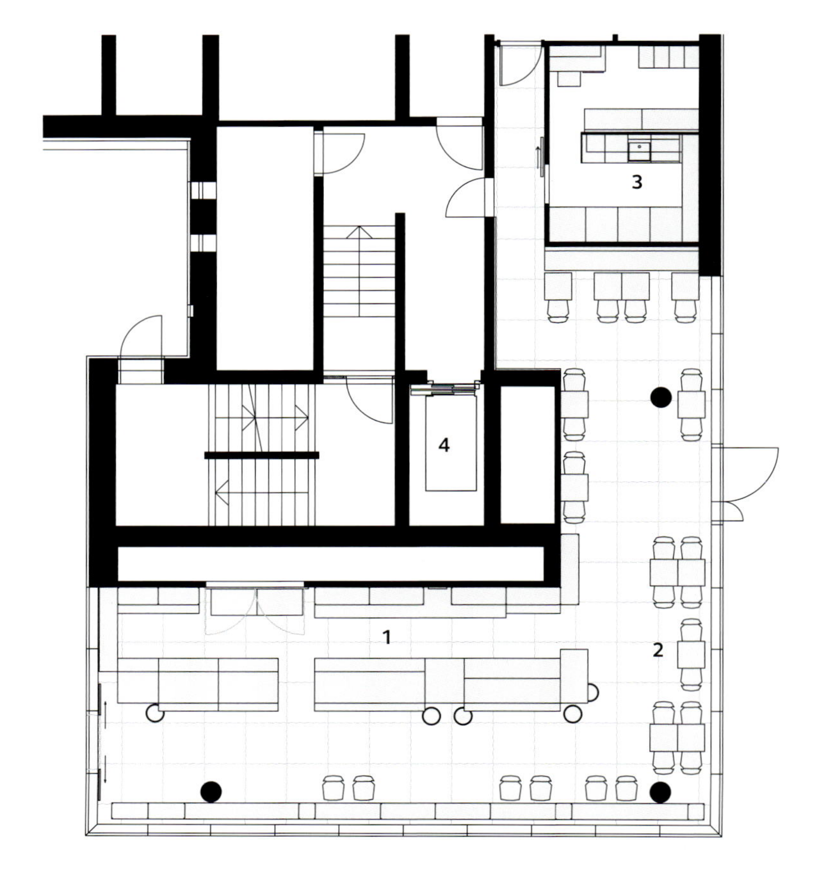

Grundriss **1** Theke **2** Verzehrbereich **3** Hinterräume **4** Zugang Warenlift

4
5

1 Die Confiserie Eichenberger besticht durch ihre gemütliche Atmosphäre.

2 Helles Eichenholz bestimmt das Interieur der Bäckerei.

3 Das Firmenlogo wurde als Teil der Ausstattung implementiert und dient gleichzeitig dem Wiedererkennungswert.

4 Moderne Pendellampen beleuchten die Backwaren und schaffen ein warmes Raumklima.

5 Auf Stahlrohrregalen werden die abgepackten Süßwaren angeboten.

Netto Heidelberg (D)

Auftraggeber: TIRYAKI Real Estate Developer
BGF: 1450 m²
2019

Ein in den 1950er-Jahren errichteter Nahversorger hat über lange Zeit die Grundversorgung der Bevölkerung im Heidelberger Stadtteil Pfaffengrund gesichert, entsprach jedoch, hinsichtlich Größe, Barrierefreiheit und Anlieferung, nicht mehr den heutigen Anforderungen. Der Wunsch des Marktbetreibers und der Stadt war es einen Neubau zu errichten, der die Versorgung des Stadtteils perspektivisch sicherstellen sollte und das Gebäude so zu realisieren, dass sowohl hochwertige Architektur als auch öffentlicher Raum den Ort aufwerten. Um den Bau realisieren zu können, wurde das Projekt in mehreren Stufen umgesetzt.

Eine mit dunklen Klinkersteinen versehene Fassade verleiht dem Markt eine schlichte Eleganz. Durch die hochwertigen Materialien und die abgestimmte Farbgestaltung erhält der Pfaffengrund ein neues Erscheinungsbild und ordnet mit seiner prägnanten und klaren

1

Jarcke Architekten

Innenarchitektur: AHA 360
Freiraumplanung: Büro Hink Landschaftsarchitektur GmbH
Fotos: Hardy Müller / www.hardymueller.com
Christina Kratzenberg / www.christina-kratzenberg.de

2

3

Architektur den urbanen Raum. Die integrierte Bäckerei lädt die Kunden zum Eintreten und längeren Verweilen ein. Große Glasflächen bieten einen Einblick in das Ladeninnere und ermöglichen eine Vernetzung mit dem Außenraum.

Für den Außenraum wurde ein einheitliches Nutzungs- und Gestaltungskonzept ausgearbeitet. Dieses sieht vor, private Stellplatzflächen und den öffentlichen Raum gemeinsam zu qualifizieren. Der entstandene Freiraum umfasst sowohl die individuellen Anforderungen des Markts an Parkraum, als auch nutzbare Aufenthaltsflächen mit Kommunikations- und Begegnungsorten für die Bewohner.

Insgesamt bildet der Markt zusammen mit den Außenanlagen eine architektonische Gesamtheit und ist zu einem wichtigen Bestandteil des öffentlichen Lebens im Stadtteil Pfaffengrund geworden.

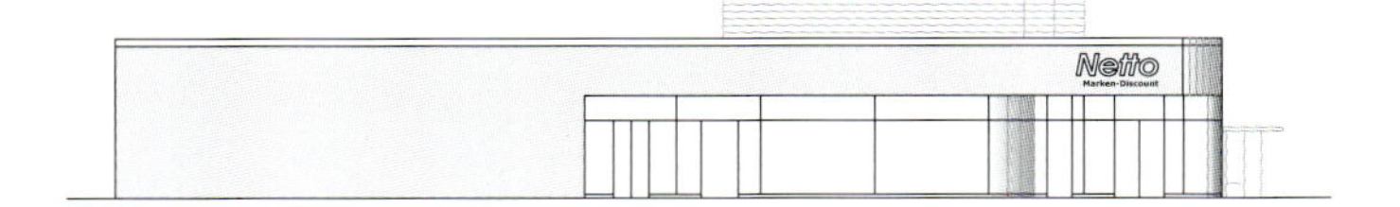

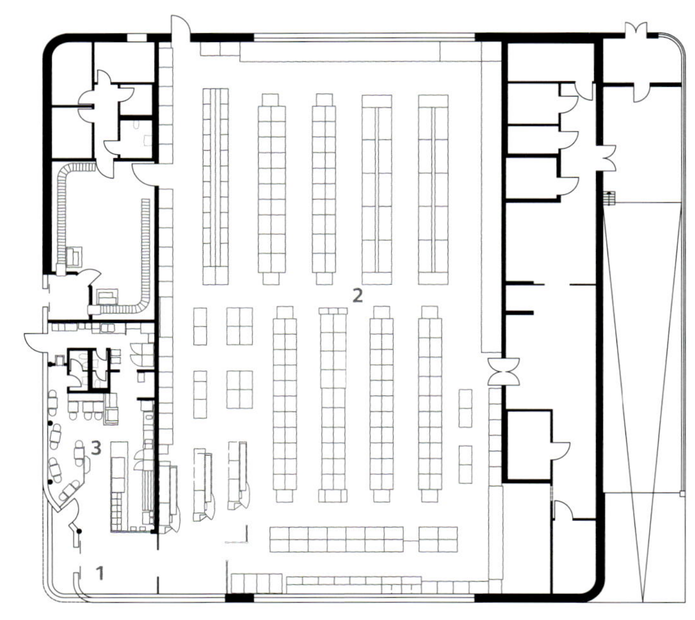

Grundriss **1** Eingang mit Windfang **2** Supermarkt **3** Bäckerei

4
5

1 Die große Glasfront bietet einen Einblick in das Innere des Gebäudes.

2 Die Klinkerfassade verleiht dem Gebäude eine moderne Optik.

3 Die rückwärtige Fassade des Markts führt entlang einer Baumallee.

4 Blick aus der Bäckerei auf den Parkplatz. Die Einkaufswagenbox aus Cortenstahl harmoniert mit dem Gebäude.

5 Blick auf den Parkplatz und das Gebäude.

Metzgerei Weigand

Lohrhaupten (D)

Auftraggeber: Kurt Weigand
BGF: 128,95 m²
2018

1

Der Gewerbeanbau verleiht einem traditionellen Handwerk ein modernes und identitätsprägendes Erscheinungsbild. Eine ansprechende Atmosphäre, ein wohltuendes Raumklima und natürliche Baumaterialien standen bei der Planung ebenso im Vordergrund, wie eine zeitgemäße Gestaltung des Verkaufsraums.

Dieser und die Außenterrasse wurden in einen harmonischen Einklang mit dem Baukörper gebracht. Das Material Holz bildet den Hauptschwerpunkt der Planung und Realisierung des neuen Verkaufsraums der Metzgerei. Im Vordergrund stand die Verwendung von nachhaltigen Materialien, während die Außenfassade eine Homage an den traditionellen Scheunenbau des Spessarts ist. Die Ladenfläche des Anbaus gliedert sich in drei Bereiche, bestehend aus der Warenvorbereitung mit angrenzender Kühlzelle, dem Verkaufs- und dem Kundenbereich.

Next Habitat Architekten

Statik: Bau.Werk Planungsbüro Bien
Ladenbau: Ladenbau Hanke
Fotos: Nicole Haines Fotografie

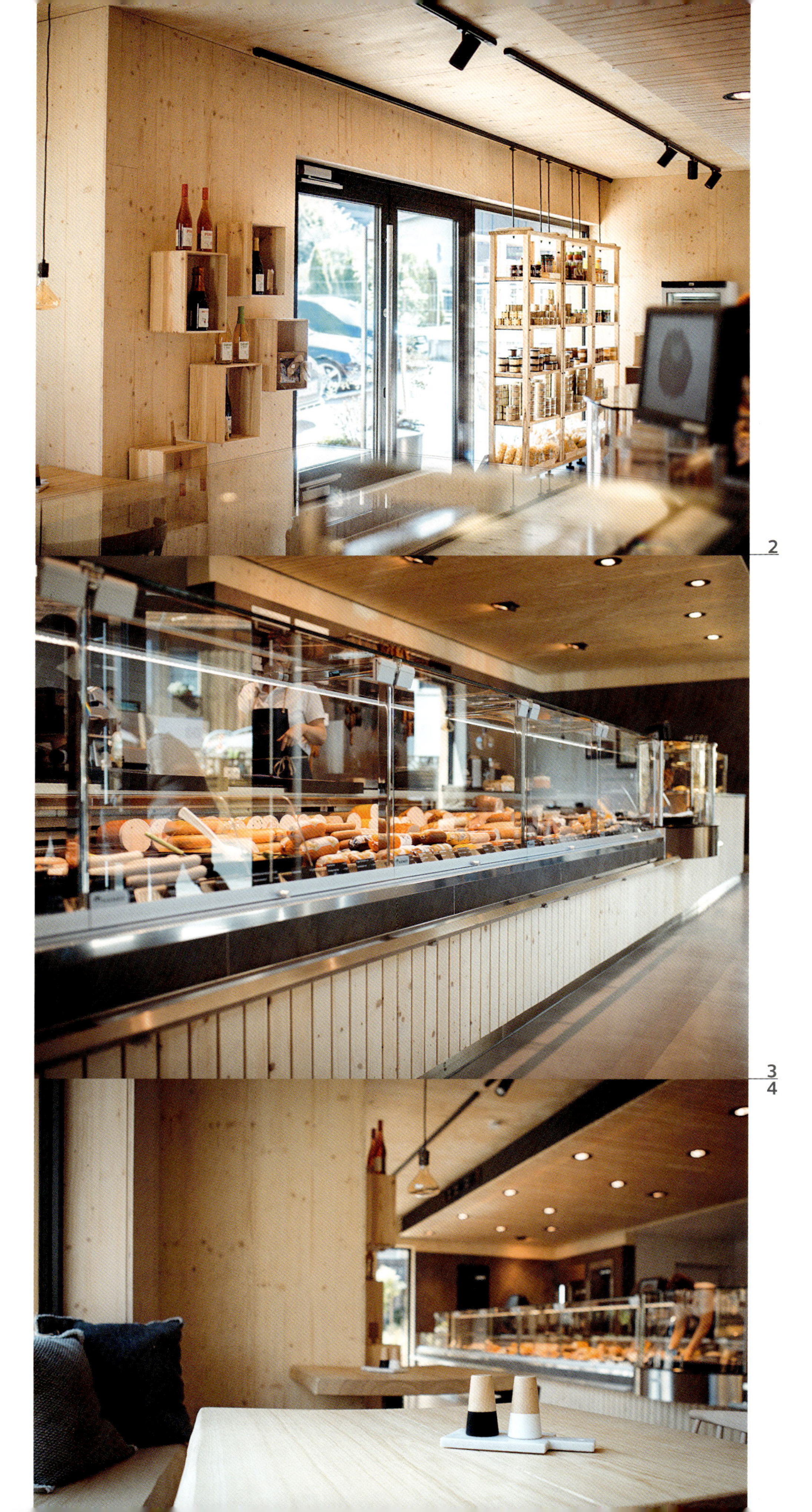

2

3
4

1 Weiträumiger und holzverkleideter Verkaufsraum.

2 Blick von der Theke in den Eingangsbereich mit ausgestellten Waren.

3 Fleischtheke mit Holzverkleidung.

4 Sitzbereich am großen Fenster.

5 Außenansicht über Eck auf den Bestandsbau und den kubischen Gebäudeanbau.

6 Gebäudeanbau und Eingangsbereich.

7 Warenpräsentation mit Sitzecke am großen Fenster.

Querschnitt des Gebäudeanbaus

Grundriss mit angedeutetem Bestandsbau und Außenterrasse
1 Kühlzelle **2** Vorbereitung
3 Verkauf **4** Außenterrasse
5 Kundenbereich

5

6

7

Neben der Funktion als wertige Verkaufsstätte des Metzgereibetriebs, sollte auch die soziale Komponente als Treffpunkt und Begegnungsstätte der Dorfbevölkerung eine bedeutende Rolle spielen. So wurde neben einem gemütlichen Verzehrbereich mit großem Sitzfenster zum Sehen und Gesehen werden auch eine sommerliche Außenterrasse für zusätzliche Aufenthaltsqualität geschaffen. Der klar ablesbare Gebäudeanbau orientiert sich stärker zur Straßenkreuzung im Ortskern von Lohrhaupten, als es der alten Ladenfläche im Bestandsgebäude möglich war.

Im Zusammenspiel einer präsenteren Lage, eines größeren Angebots, Akzenten von Tradition und Moderne sowie einer starken sozialen Funktion entstand ein nachhaltiges und über die eigentliche Funktion hinaus wirkendes Einkaufserlebnis. Im Mittelpunkt steht die Identifizierung mit der Dorfbevölkerung.

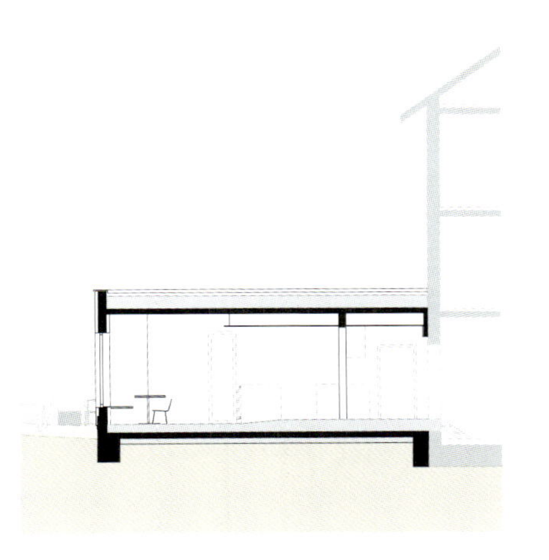

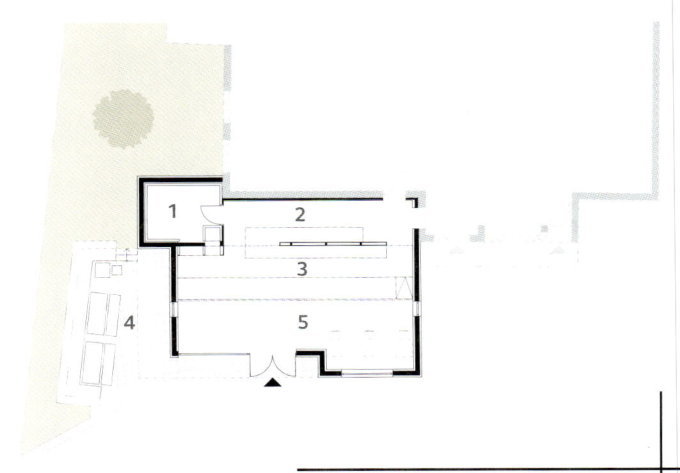

MPreis

Auftraggeber: MPreis
BGF: 1.244 m²
2011

Ramsau im Zillertal (A)

1

Die Suche nach einem sinnlichen Verkaufsraum war der Ausgangspunkt für die Architekten und führte zum Vorschlag einen Raum zu schaffen, in den man aufgenommen wird und der räumliche Grunderfahrungen ausdrückt.

Dieser sinnliche Raum liegt in einer rauen Betonschatulle, die bewusst oberflächenroh geschalt ist, um außen und innen klar erlebbar zu machen. Diese Hülle wird altern, Spuren ansammeln und so eine ganz eigene Ästhetik bekommen. Dies und die großformige, geometrische Gestaltung greifen Ideen des Brutalismus der 1960er- und 1970er-Jahre auf, wie sie in der zeitgenössischen Architektur beliebt sind.

Innen öffnet sich ein monochromer Raum mit platzbildenden, kegelförmigen Oberlichtern, die Nordlicht über dynamisch gestellte Stützenelemente in den Raum einbringen.

wiesflecker-architekten

Fotos: Markus Bstieler / www.markusbstieler.at

2

3

Die Oberlichter rhythmisieren den Raum und ergänzen die Beleuchtung um natürliches Licht. Die trichterförmigen Pendellampen sind eine konsequente Weiterführung dieser Gestaltungsidee.

Der allgemein gültige Marktraum verdichtet sich an diesen Stellen und bekommt eine spielerische Komponente. Es entsteht eine offene und bewusst raue Raumgestaltung, die ein Gegengewicht zum bunten Supermarktsortiment bildet.

Das ganze Gebäude spielt mit dem Kontrast zwischen rau und ansprechend, was sich in den Materialien und der Gestaltung ausdrückt. Dies macht die klare Abstufung dazwischen für den Besucher erlebbar.

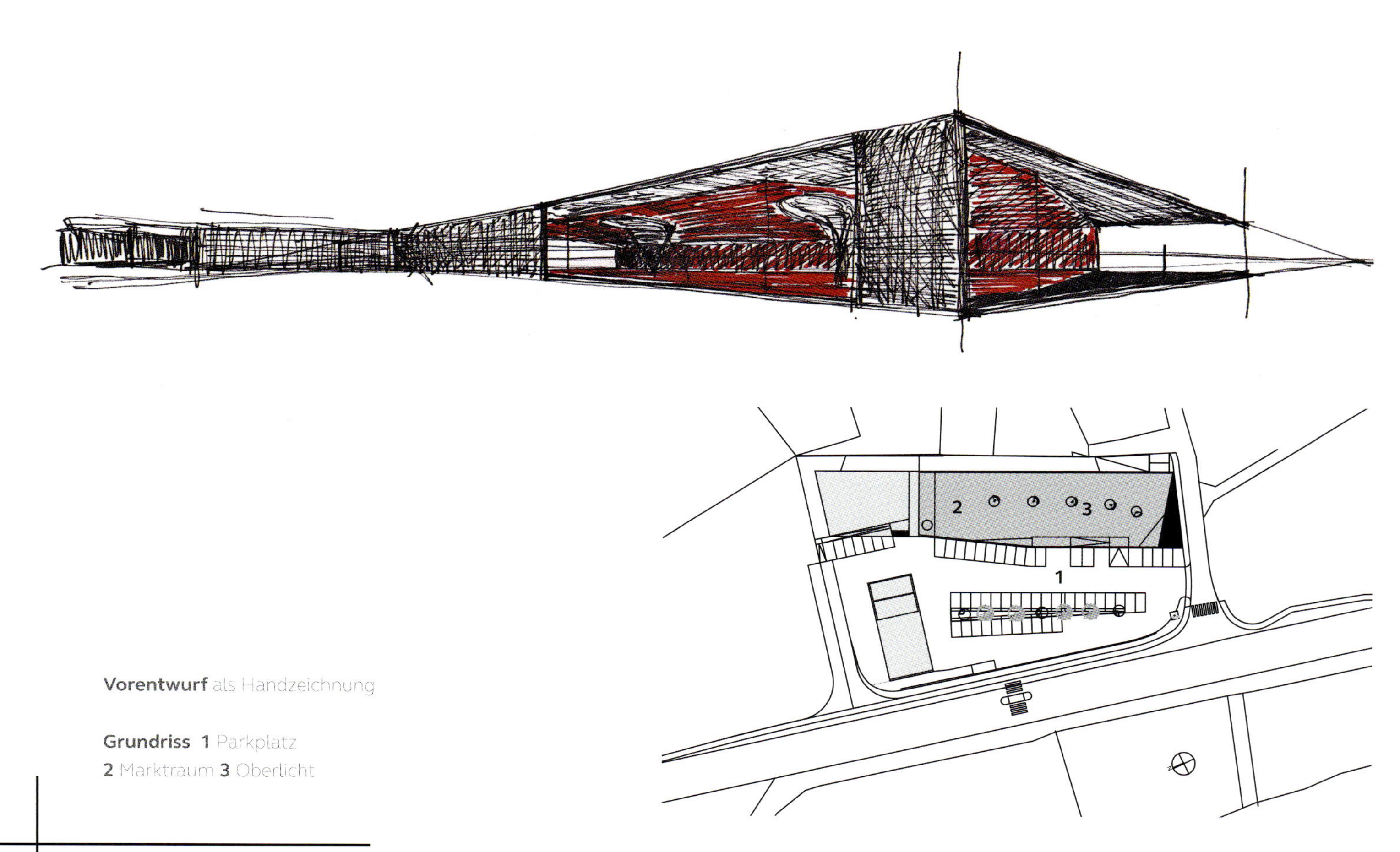

Vorentwurf als Handzeichnung

Grundriss 1 Parkplatz
2 Marktraum **3** Oberlicht

4
5

1 Von außen ist das Gebäude bewusst oberflächenrau geschalt.

2 Der MPreis hat eine gute Anbindung und ist so ein Anlaufpunkt für die Anwohner.

3 Die trichterförmigen Lampen greifen das typische Gestaltungselement auf und streuen warmes Licht.

4 Im Inneren eröffnet sich die bunte Warenwelt.

5 Die Oberlichter und asymmetrischen Säulen verbinden Außen- und Innenraum.

Biobäckerei und Café

Auftraggeber: Schubert Bio & Vollwert Bäckerei GmbH & Co KG
BGF: 300 m²
2016

Augsburg (D

1

In dem Augsburger Stadtteil Am Schäfflerbach wurden die Gebäude des ehemaligen Schlachthofviertels aufwendig renoviert. Seitdem bietet das Kesselhaus den imposanten Rahmen für die Flagship-Verkaufsfiliale der Biobäckerei Schubert mit angeschlossenem Café Himmelgrün.

Die völlige Freiheit bei der Raumaufteilung erforderte von den Planern der Firma Petzinger die Entwicklung diverser Grundrisskonzepte, als Grundlage für die Entscheidung der weiteren Planung.

Durch die große Glasfront kann sich der Kunde einen schnellen Überblick über die Situation verschaffen. Aber auch das Geschehen auf der Terrasse bleibt so aus dem Inneren nicht unbeachtet. Direkt unter den erhaltenen Silos wurden der Verkaufstresen und das Brotregal platziert. Zudem bekommt man einen

PETZINGER und SOS-design

Lichtgestaltung und Freiraumplanung: SOS-design
Architektur: Dierig-Architekten
Fotos: Markus Traub

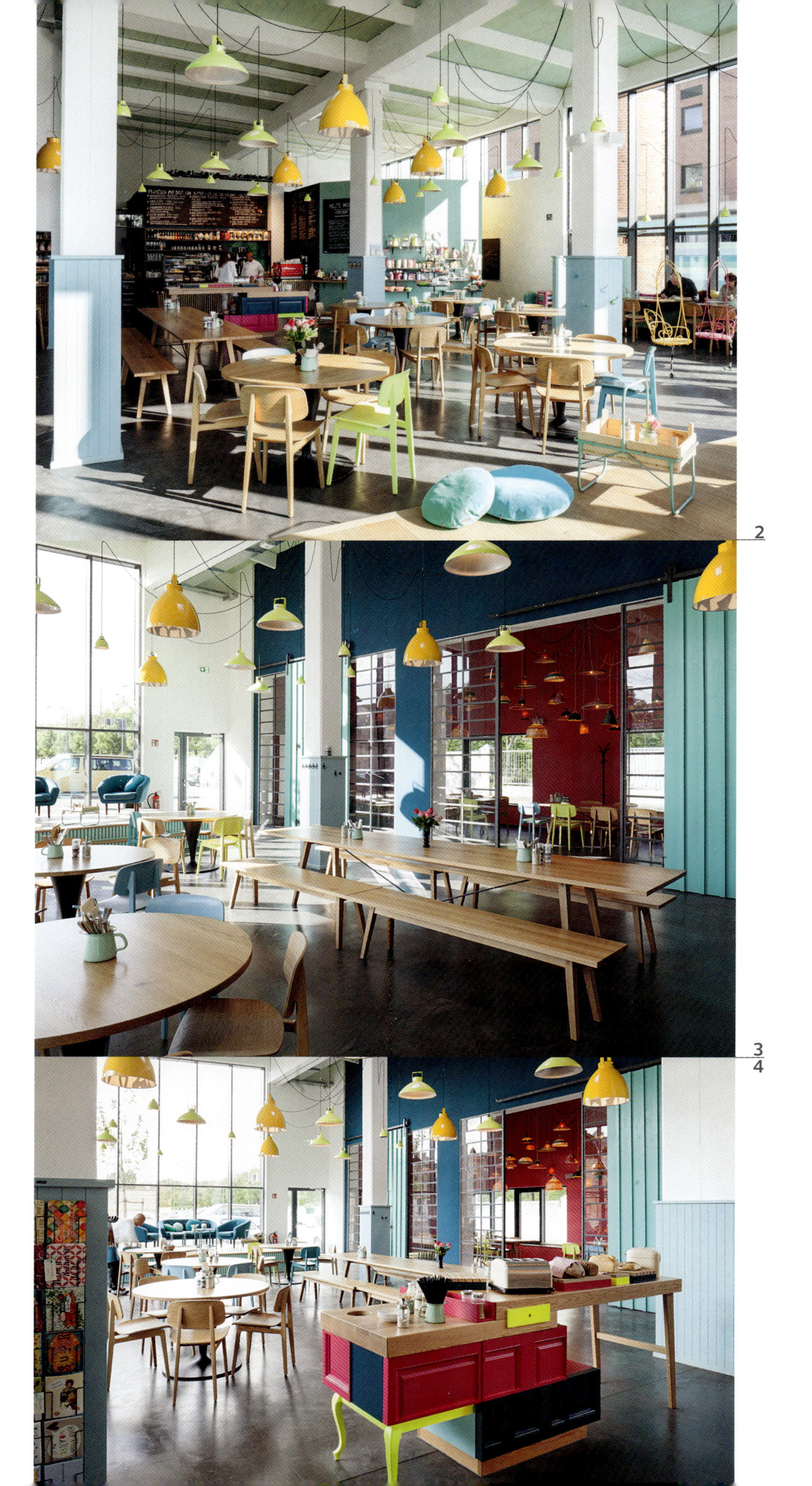

2

3
4

1 Der Tresen der Bäckerei mit Bullaugen für die jüngsten Kunden.

2 Durch die großen Fenster wird das Café in ein natürliches Licht getaucht.

3 Jeder Raum hat eine eigene Farbgebung und verschiedene Details.

4 Das bunte Farbzusammenspiel schafft ein entspanntes Ambiente.

5 Die große Glasfront lässt die Bäckerei und das Café offener wirken.

Grundriss. 1 Verzehrbereich innen **2** abtrennbarer Nebenraum **3** einsehbare Backstube **4** Gastroküche

Freibereich

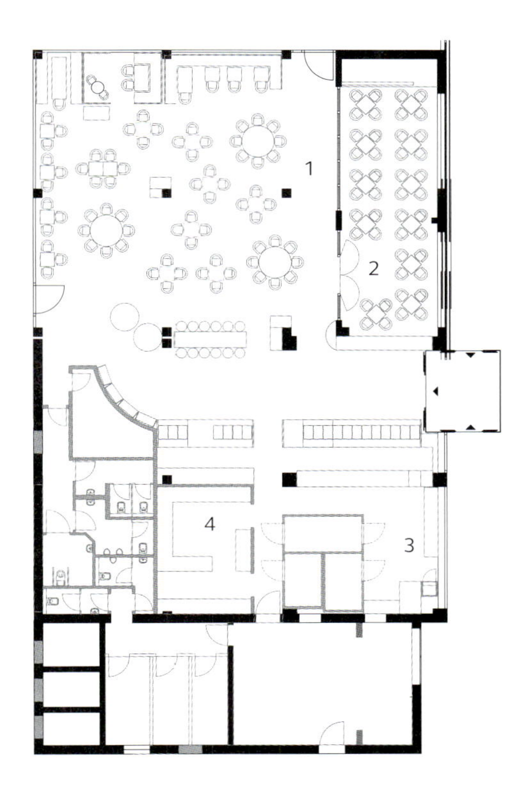

5

Einblick in die Backstube im hinteren Bereich der weitläufigen Bäckerei. Bei der Gestaltung, die durch die Zusammenarbeit mit dem Team von SOS-Design erfolgte, wurde neben Möbeln das Farb- und Lichtkonzept entworfen. Ein Zusammenspiel aus bunten Farben und spielerischen Lichtelementen schafft eine angenehme Atmosphäre.

Die jüngsten Kunden finden im Tresen auf Augenhöhe Bullaugen, hinter denen wechselnde Puppenszenen ihre Begeisterung wecken. Auch der Anblick des sich leerenden Brotregals, welches durch die Anordnung der Lattung eine aufgehende Sonne symbolisiert, begeistert die Kunden.

Gemeinsam mit den Architekten, lokalen Handwerkern und Lieferanten, wurden die Ideen umgesetzt und bieten den Kunden und Gästen ein einzigartiges Ambiente in stimmungsvollen Räumen.

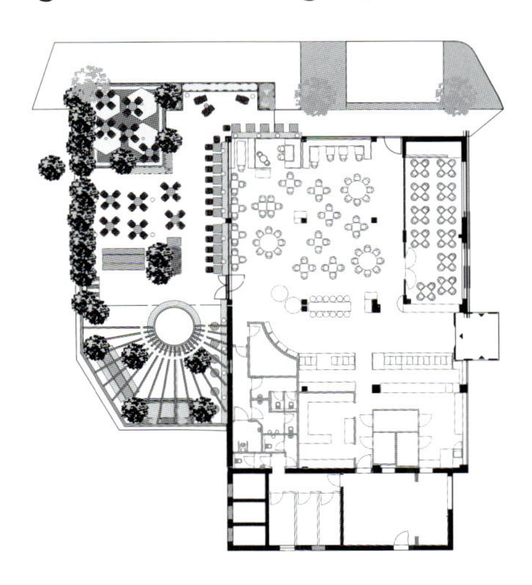

Edeka SEZ

Hamburg (D)

Auftraggeber: Grundstücksgesellschaft Melchert mbH
BGF: 3.000 m²
2017

1

An einer Bundesstraße im Hamburger Süden tritt der neue Edeka-Markt mit einer für diese Bauaufgabe nicht alltäglichen Präsenz in Erscheinung. Er zeigt sich als großes, klares Bauvolumen, das sich in seiner Materialität an die umgebende Nachkriegsbebauung anpasst, trotzdem aber über die nötigen architektonischen Qualitäten verfügt, um sich in seiner Einfachheit zu behaupten.

Der Entwurf basiert auf einer reduzierten Grundfigur, die durch großmaßstäbliche und jeweils besonders inszenierte Öffnungen gegliedert wird. Aufgrund der besonderen Lage an einer verkehrsreichen Ausfallstraße wurde die Verkaufsfläche im Obergeschoss angeordnet und das Erdgeschoss weitgehend freigehalten, um hier die notwendigen 75 Stellplätze unterbringen zu können. Der autofahrende Kunde gelangt also auf Straßenniveau zu einem geschützten Parkplatz und von dort trockenen

coido architects

Fotos: Piet Niemann / www.pietniemann.de

1 Der neue Edeka-Markt zeigt sich selbstbewusst und doch in die benachbarte Nachkriegsarchitektur eingebunden.

2 Robustes Mauerwerk rahmt die großzügigen Glasfassaden.

3 Eine klare Konstruktion trifft auf eine skulpturale Fassadengestaltung.

4 Die Entréeseite ist austariert komponiert.

5 Durch einen kräftige und zugleich transparenten Auftritt an der Bundesstraße entsteht eine prägnante Adresse.

6 Der Markt bietet ein Einkaufserlebnis mit Ausblick.

7 Licht und Transparenz prägen auch den Weg in den Verkaufsraum.

Grundriss EG **1** Stellplätze **2** Anlieferzone **3** Pfand **4** Eingangsbereich

Grundriss OG **1** Verkaufsraum **2** Kühlräume **3** Lager **4** Eingangsbereich **5** Personalräume

5

6

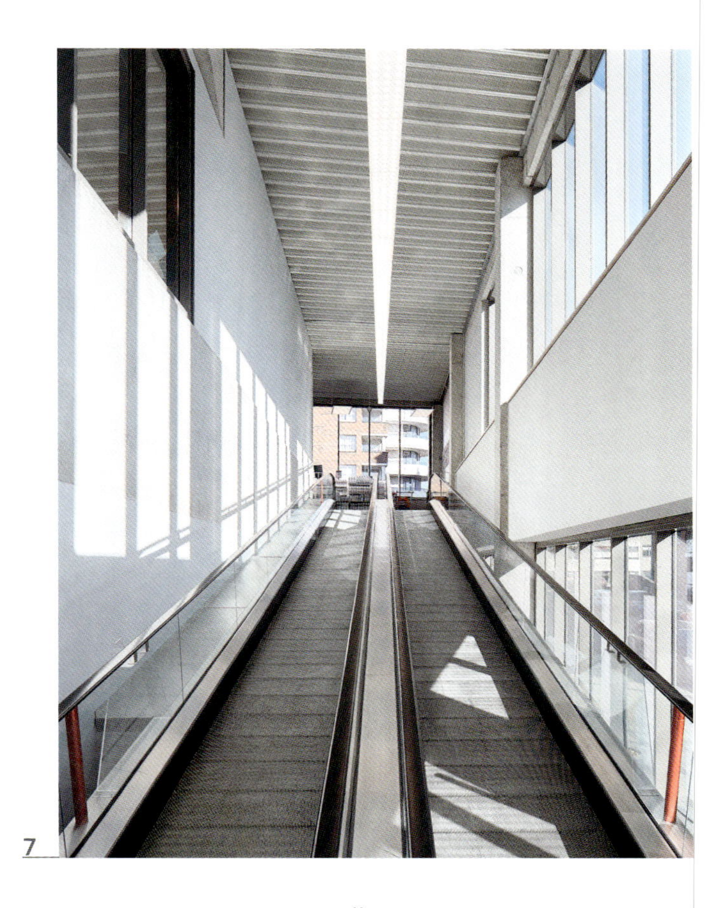

7

Fußes weiter in den Markt. Das Gebäudekonzept beruht auf der Idee der dienenden und bedienten Räume. In diesem Fall bedeutet das, dass Lagerräume, aber auch Haupterschließung und Fluchttreppen in den vier „Füßen" des Gebäudes untergebracht sind, die durch Wegnahme von Volumen im Erdgeschoss entstanden sind.

Drei großformatige Öffnungen in der unteren Ebene werden jeweils durch robuste Sichtbetonelemente gefasst. Das Prinzip der Wegnahme und der Einschnitte wiederholt sich im Obergeschoss, indem sowohl große Schaufenster an Nord- und Südfassade als auch kleinere, schmale Belichtungsschlitze an der Westseite in das Grundvolumen einschneiden.

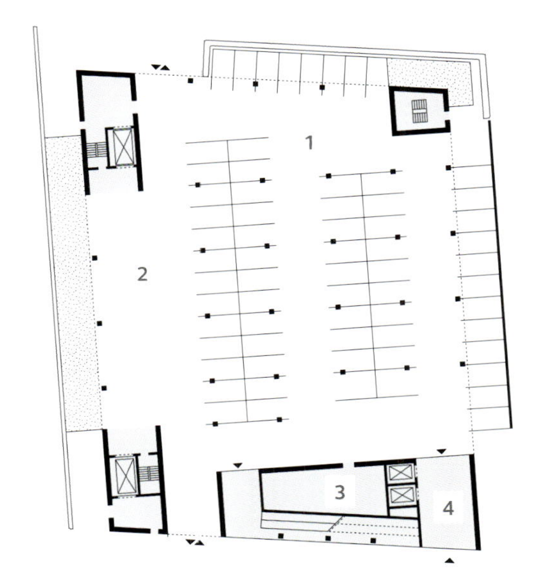

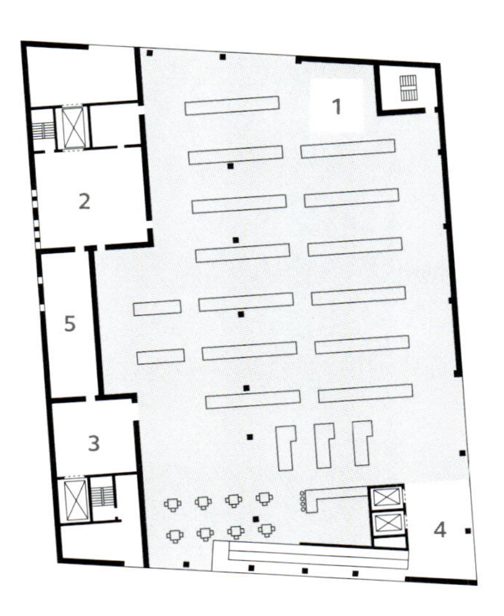

LGV Gärtnergschäftl

Wien (A)

Auftraggeber LGV – Gemüse und Obst GmbH
2017

Die Gemüsegärtner Wiens produzieren jeden Tag frisches Obst und Gemüse. Um ihre Marke zu stärken und als Brand zu bewerben, entstand dieses erste Gärntergschäftl im Zentrum Wiens in Naschmarktnähe. Hier werden täglich frisch gelieferte saisonale Produkte der Gemüsegärtner Wiens verkauft aber auch spezielle Back- und Molkereiwaren sowie vielfältige Regionalprodukte angeboten.

Der Shop mit knapp 100 Quadratmetern Verkaufsfläche befindet sich in einem denkmalgeschützten Altbau. Vom Hauptraum mit Galerie führt ein Treppenabgang in die kühle „Meierei“ im Untergeschoss. Die charakteristische Eisenstiege blieb erhalten und entspricht der authentischen Atmosphäre eines originalen Wiener Lebensmittelgeschäfts.

1

BWM Architekten und Partner ZT

Ausführung GU: Projekt Kraft
Elektroplanung und Haustechnik: ab-concept GmbH
Statik: DI Gerhard Hejkrlik GmbH
Kistenbauer: Neumann GmbH
Fotos: Christoph Panzer

2 | 3

1 Hauptraum mit Galerie, Cafe und Brottheke.

2 Warenstapelung in einem Modulkonzept aus hellen Kiefernkisten.

3 Die kühle „Meierei" im Untergeschoss.

4 Hauptraum und Galerie mit Sitzgelegenheiten.

4

Querschnitt des Hauptraums

Grundriss **1** Lager **2** Meierei
3 Kühlvitrine **3** Hauptraum
4 Galerie **5** Vorbereitungsküche

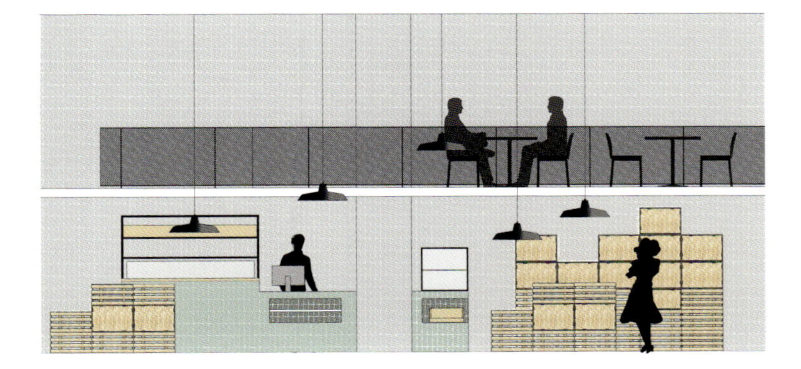

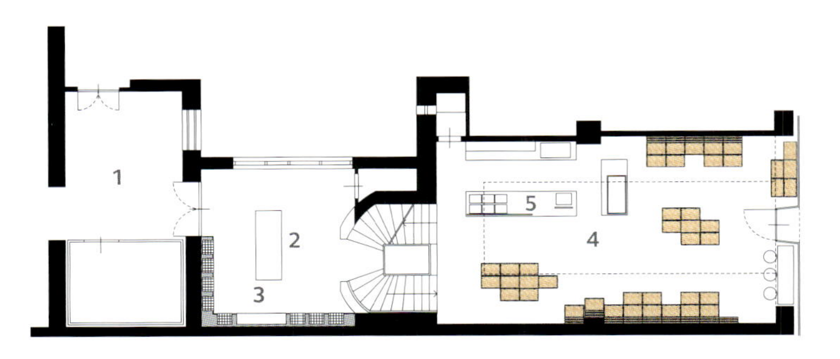

Für die Stapelung der Ware wurde ein leicht handhabbares Modulkonzept aus hellen Kieferkisten entwickelt. Partner hierfür ist der österreichische Handwerksbetrieb Neumann, der mit seinen ökologischen Spezialprodukten auch die Firma Sacher beliefert.

Für die Gestaltung des Shops, in dem in erster Linie frische Ware angeboten wird, waren zwei Inspirationen ausschlaggebend: einerseits die Greißlerei als Anknüpfungspunkt an ein Lebensmittelgeschäft von früher, andererseits der Marktstand als Verkaufseinheit. Im Inneren erinnert der Shop auch an die Ausgestaltung alter Lebensmittelmanufakturen. In der hochwertigen Ausstattung fließen also Assoziationen von Manufaktur, Produzentenstand, und Gärtnerei zusammen.

Das Gebaute tritt der Ware gegenüber in den Hintergrund. Zusammengefasst wird der Raum durch seine speziellen Fliesen an den Wänden, die jeden Bereich mit einer eigenen dezenten Farbe – Hell- und Dunkelgrün sowie Weiß – kennzeichnen. Bei genauer Betrachtung können Fliesenmuster entdeckt werden – dies macht den Raum zu einem kleinen Kunstwerk.

Die reduzierten Holzkisten dienen der flexiblen und leicht veränderbaren Präsentation der Ware. Sie stehen als Einzelelemente für die kleinste Einheit eines Marktstandes, sind variabel einsetzbar und sorgen im Innenraum für eine mit einem Marktstand vergleichbare Attraktivität.

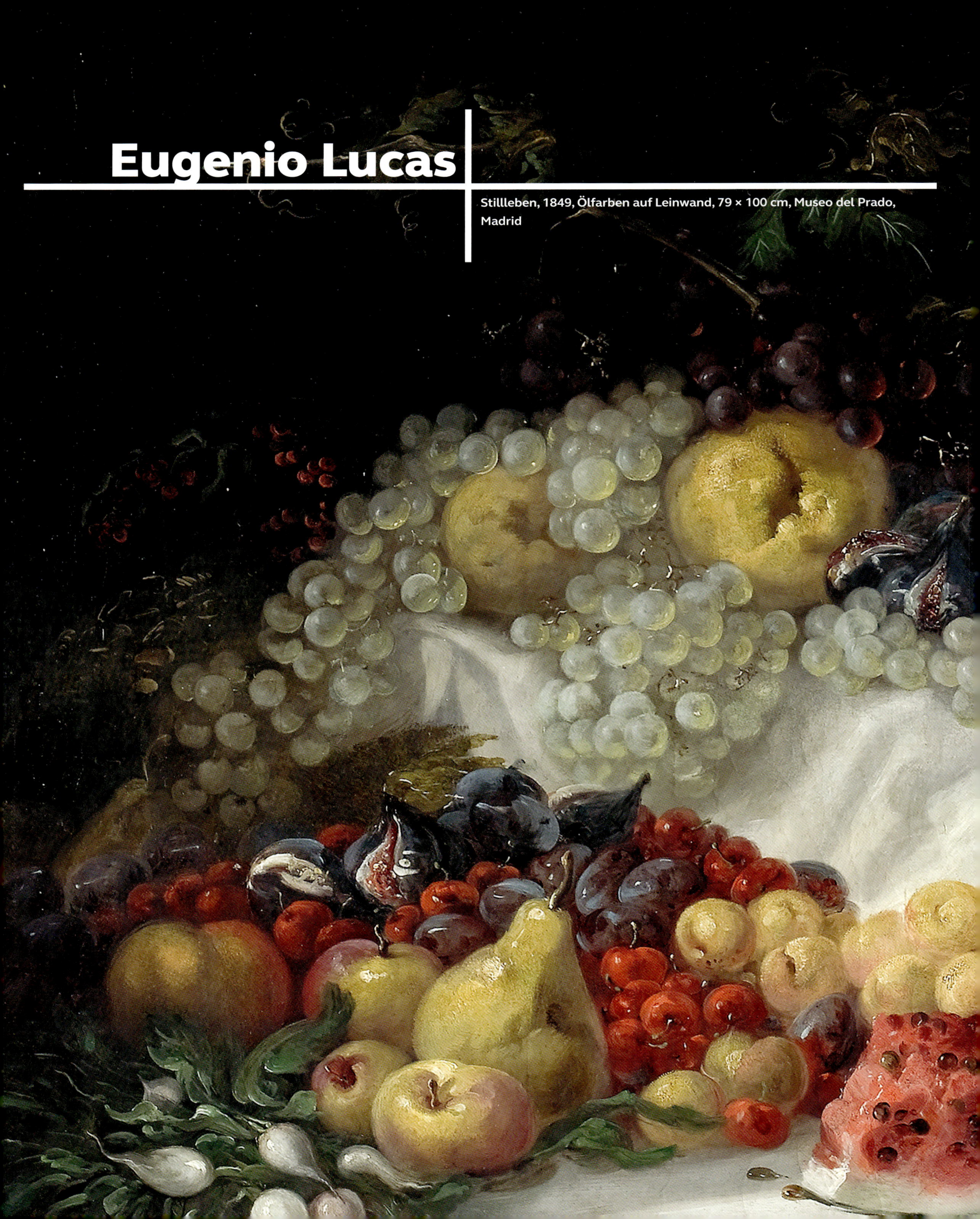

Eugenio Lucas

Stillleben, 1849, Ölfarben auf Leinwand, 79 × 100 cm, Museo del Prado, Madrid

Heimatküche

Auftraggeber: Familie Lainer
BGF: 120 m²

Dienten am Hochköni

Bereits 1906 hat Familie Lainer das am Fuße des Hochkönigs auf 1.200 Metern Seehöhe liegende Dachegglehen in der Gemeinde Dienten am Hochkönig erworben. Bis 1955 wurde es als Alm betrieben, dann erfolgte der Bau von Haus und Hof als Basis für bäuerliche Bewirtschaftung und Tourismus. Ein neuer Stall folgte als Kuhhotel 2017 und mit ihm auch die Heimatküche.

Die Heimatküche umfasst ein Café und einen Hofladen. Sie wurde als schwebender Kubus mit Rundumblick in den Stall integriert. Somit können die Gäste das Treiben im Stall beobachten und erleben live, wie hier mit modernster Stalltechnik gearbeitet wird. Dabei genießen sie Kaffee und Kuchen, ein gutes Glas Biomilch oder eine Genussplatte mit besonderen, heimischen Spezialitäten. Heidi Lainer, die gemeinsam mit ihrer Tochter Isabella ihre Ideen in der Heimatküche verwirklicht will den Kreislauf leben, weshalb die Produkte in der Heimatküche den Betrieb widerspiegeln. Die Heimatküche ist in zwei Räume unterteilt: den Verkaufsraum mit dem Hofcafé, und die Tannenstube mit dem fünf Meter langen massiven Holztisch. Hier sitzt man gerne zusammen und beobachtet das alltägliche Geschehen im Stall durch die großen Glasscheiben.

Gestaltet ist die Heimatküche als moderne Bauernstube. Regionale Materialien wie Tannenholz und Felle spiegeln unterschiedliche Facetten des bäuerlichen Lebens. Passend dazu wurden nostalgische Fliesen an den Wänden gewählt und neu interpretiert. Großflächige Glasfronten durchfluten den Raum mit viel Licht. Möbel- und Materialmix wurden bewusst reduziert, um einen städtischen Charakter in Kontext mit traditionell ländlichen Elementen zu setzen. Die leichte, schwebende Beleuchtung bildet ein zusätzliches Highlight. In der Heimatküche fühlen sich Gäste, ebenso wie die Tiere nebenan, rundum wohl.

innenarchitektur stranger

Prader Interior GmbH
Fotos: Christian Schartner / christian-schartner.at

1

2 | 3

1 Außenansicht der in einen Kuhstall integrierten Räume der Heimatküche.

2 Die Tannenstube im Kuhhotel mit Einblicken in den Stall.

3 Der Innenraum ist durch klare, moderne Linien und Formen gekennzeichnet.

4 Geflieste Wände hinter der Theke vermitteln eine Küchenatmosphäre.

5

6

7

4

5 Das Farbkonzept im Innenraum ist durch dunkle Wänden und helles Holz geprägt.

6 Der massive, fünf Meter lange Tannenholztisch bietet Platz für bis zu 25 Personen.

7 Ein acht Meter langes Kuhbild von der Künstlerin Theresia Innerhofer im Hofcafé.

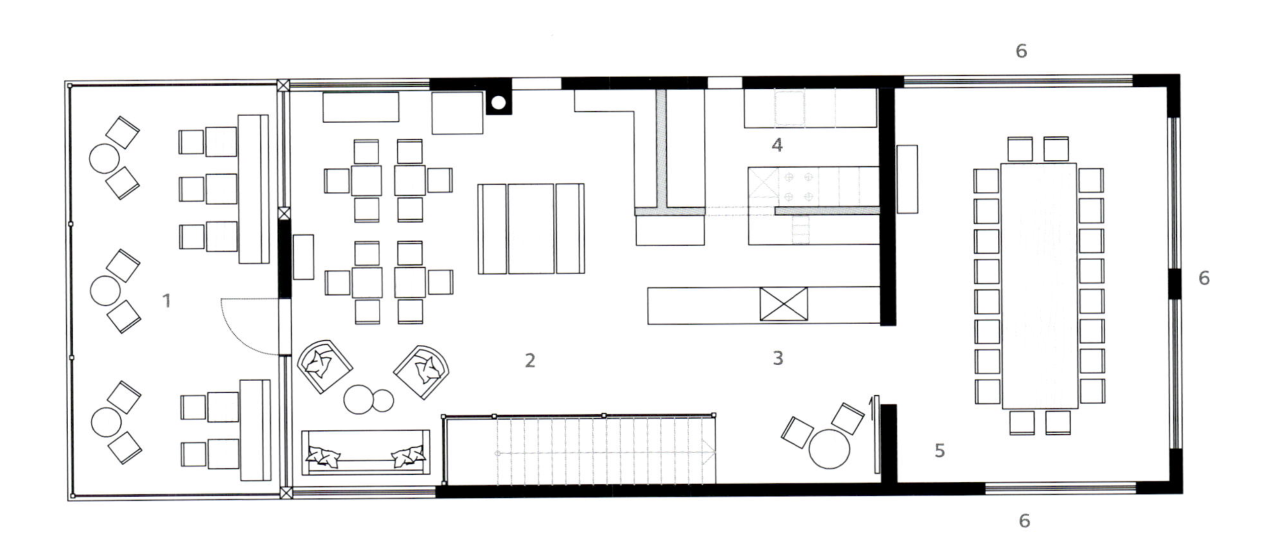

Grundriss 1 Terrasse **2** Hofcafé **3** Verkauf **4** Küche **5** Tannenstube **6** Kuhstall

Biomarkt Hauser

Lauchringen (D)

Auftraggeber: Biomarkt Hauser OHG
BGF: 750 m²
2016

Gemüse vom eigenen Acker, Solarstrom vom Ladendach – die Idee eines Frischemarkts steckt in jedem Detail dieses neuen Konzepts.

Das Obst und Gemüse aus der eigenen Landwirtschaft der Familie Hauser wurde auf vielen Märkten angeboten und da der 400 Quadratmeter große, frühere Laden zu klein geworden war, musste ein neuer, größerer her.

Auf Basis von Feng Shui entwickelte Petzinger das Gesamtkonzept. Im weiteren Projektverlauf wurde die Gestaltung zusammen mit der Agentur design-hoch-zwei ausgearbeitet und auf das Marketing abgestimmt. Nachhaltigkeit wurde bei dem gesamten Projekt auf höchstem Niveau umgesetzt, von der eigenen Photovoltaikanlage auf dem Dach, der Kältetechnik mit umweltfreundlichem Kältemittel bis hin zur energiesparenden LED-Beleuchtungs-

1

PETZINGER und design hoch zwei

Lichtgestaltung: PETZINGER und CEDES
Freiraumplanung und Architektur: Harald Jäger
Fotos: PETZINGER und Firma Wineo

2

3
4

1 Das Konzept des Biomarkts überzeugt Kunden durch Frische, Nachhaltigkeit und durch eine gute Beratung.

2 Tablets helfen den Kunden die beste Entscheidung zu treffen und sorgen für ein besonderes Einkaufserlebnis.

3 Der Kunde kann in der Obst- und Gemüseabteilung genau wie auf dem Wochenmarkt bedient und beraten werden.

4 Sowohl der Bioboden als auch die Holzverkleidung sind Teil des nachhaltiges Konzepts.

5 Vor dem Biomarkt befinden sich Parkplätze, die den Kunden das Einkaufen erleichtern.

6 Im Bistro werden die Gerichte aus eigenen Zutaten frisch zubereitet.

7 Auch an der Einrichtung ist das Frischeprinzip zu erkennen.

Grundriss **1** Obst- und Gemüsebedientheke
2 Verzehrbereich **3** Bistroküche
4 Kosmetikabteilung
5 Anlieferung und Lager

5

6

7

technik und dem Einsatz eines zertifizierten Bio-Bodenbelags.

Im Eingangsbereich heißt eine großzügige Obst- und Gemüseabteilung die Kunden willkommen. Waren werden wie auf dem Wochenmarkt verkauft. Mitarbeiter stehen hinter den Obst- und Gemüseregalen und bedienen und beraten die Kunden, damit sie sich wie auf einem Marktplatz fühlen können.

Im eigenen Bistro werden Biogerichte frisch zubereitet und serviert. Zahlreiche Gäste kommen wegen des umfangreichen Sortiments und der freundlichen Mitarbeiter sogar von tief aus der Schweiz bis nach Lauchringen.

Das Gesamtkonzept stellt schon im Entwurf Frische, Menschen sowie Beratung und Bedienung in den Vordergrund.

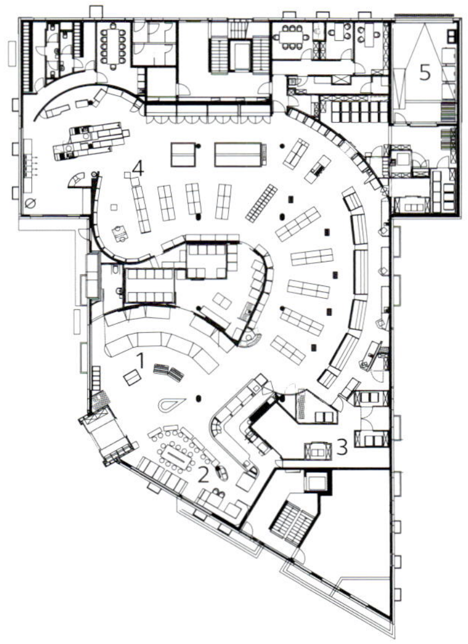

Obst und Gemüse Prader

Auftraggeber: Joachim Prader
BGF: 95 m²
2014

Klobenstei

1

Beim Entwurf von Obst und Gemüse Prader legten die Architekten den Fokus vor allem darauf, das Gebäude an das Gelände und seine Funktion anzupassen. Der Bebauungsplan sah ein geringes Bauvolumen vor, weshalb der Mangel an Volumen mit überdachter Fläche wettgemacht wurde.

Die Umgebung ist geprägt von Wiesen, die eingebettet zwischen einem bewaldeten Hang und der vorbeiführenden Straße leicht Richtung Osten abfallen. Ferienhäuser, Gartenanlagen, Promenaden und Steinmauern sind typische Elemente dieser Zone.

Das Grundstück wird hangseitig von einer Stützmauer umschlossen, auf der Rückseite des Gebäudes ergibt sich dadurch ein verdeckter Bereich für die Zulieferung der Waren.

)

Innenarchitektur: Messner Architects mit
Architektin Angelika Mair
Fotos: Meraner & Hauser / www.meraner-hauser.com

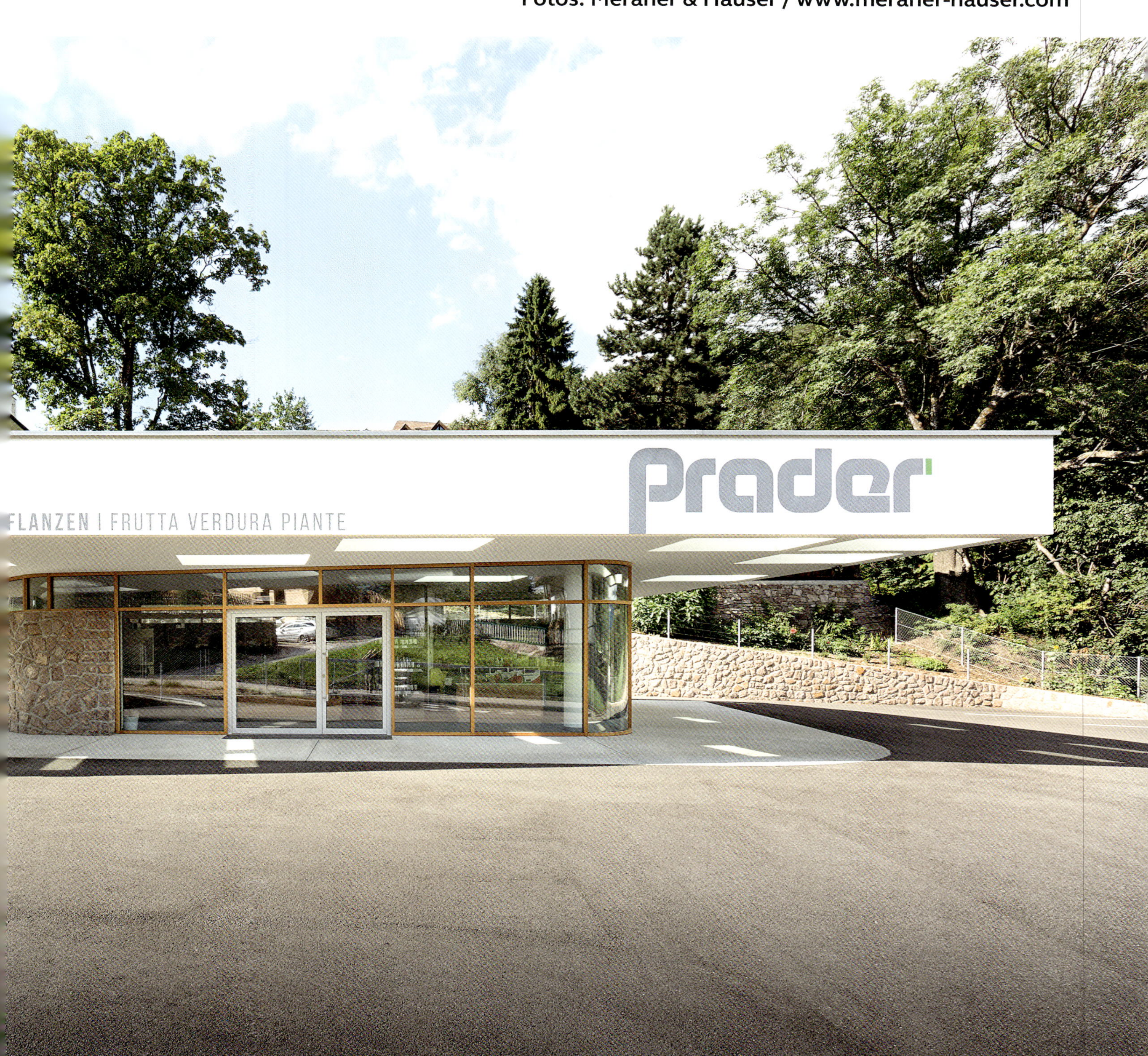

2

3
4

1 Obst und Gemüse Prader fügt sich in die von Wiesen und Gartenanlagen geprägte Umgebung ein.

2 Drei Säulen und zwei Kerne stützen das Flachdach hinter der Fassade.

3 Der Verkaufsbereich ist durch eine große Glasfassade einsehbar.

4 Die Stützmauer umschließt beinahe das gesamte Grundstück.

5 Das große Flachdach kragt zu allen Seiten hin aus.

6 Mehrere Oberlichter sorgen für eine natürliche Beleuchtung sowohl innen als auch außen.

7 Innen- und Außenbereich bilden eine harmonische Einheit.

Grundriss **1** Zulieferungsbereich **2** Kundenparkplätze **3** Stützmauer **4** Warenlager und WC **5** Verkaufsbereich

Schnitt mit Gelände

5

6

7

Die Mauern, die zugleich Gebäude und Landschaft formen, spannen den Bewegungs- und Handlungsraum für eine dörfliche Marktsituation auf.

Der Bau verfügt über ein Warenlager und einen Verkaufsraum. Das Lager, der Technikraum und eine kleine Nasszelle liegen im Norden und bilden das Rückgrat, während sich das Geschäftslokal zur Straße und den Parkplätzen hin öffnet. Das Flachdach, das auf drei Säulen und zwei Kernen ruht, ist mit großzügigen Oberlichtern versehen.

Die Grenzen zwischen innen, dem überdachten Bereich und außen verwischen. Während die klare Form des Dachs in Kontrast zu den weichen Linien der Umgebung steht, wachsen Teile der Außenmauern in die Landschaft.

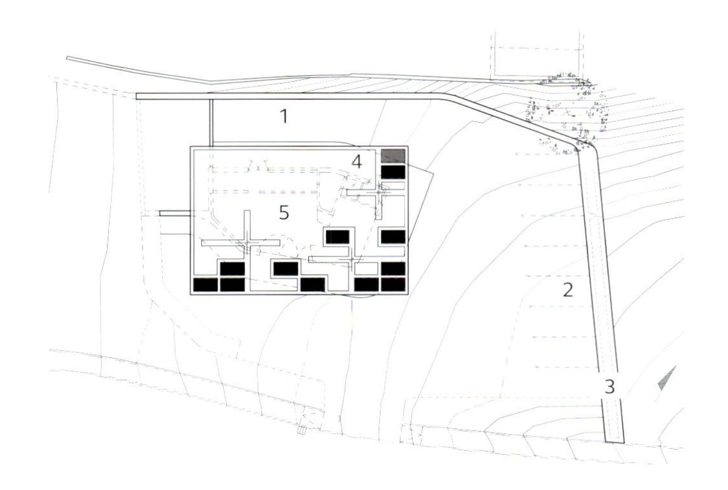

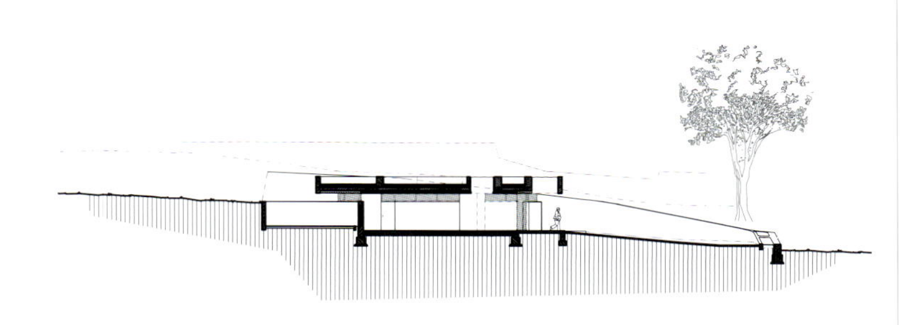

Brotzeit Heddesheim (D)

Auftraggeber: Bäckerei Görtz
BGF: 335 m²
2019

1

Die Errichtung des neuen Brotzeitgebäudes der Bäckerei Görtz und die Umgestaltung des Umfelds des historischen Bürgerhauses ist Teil der Sanierungsmaßnahmen zur Aufwertung des Heddesheimer Ortskerns. Der Gemeinderat entschied sich für einen Neubau der vorhandenen Bebauung, um die städtebauliche Situation aufzuwerten und eine bessere Erreichbarkeit und Auffindbarkeit des Bürgerhauses sicherzustellen. Als Best Practice einer funktionierenden und erfolgreichen Partnerschaft ist die Brotzeit zum Bezugs- und Treffpunkt für die Bewohner geworden.

Die Architektur des neuen Brotzeitgebäudes setzte die Vorgaben in enger Abstimmung mit der Gemeinde und der Stadtplanung um. Das neue Gebäude fügt sich selbstverständlich und klar in das städtebauliche Gefüge ein. Die Materialität und Detailausbildung sind

Jarcke Architekten

Stadtplanung und Landschaftsplanung: BBP
Ladenbau: Keil Konzepte
Fotos: Hardy Müller / www.hardymueller.com

2 | 3

1 Der Innenraum der Brotzeit mit Blick in Richtung Theke und die Treppe in den zweiten Stock.

2 Die Brotzeit Heddesheim fügt sich mit der Kubatur in das städtebauliche Gefüge ein.

3 Im Inneren weitet sich der Raum bis in das offene Satteldach.

4 Das Gebäude im Ortskern ist auch am Abend ein attraktiver Treffpunkt für Jung und Alt.

4

5

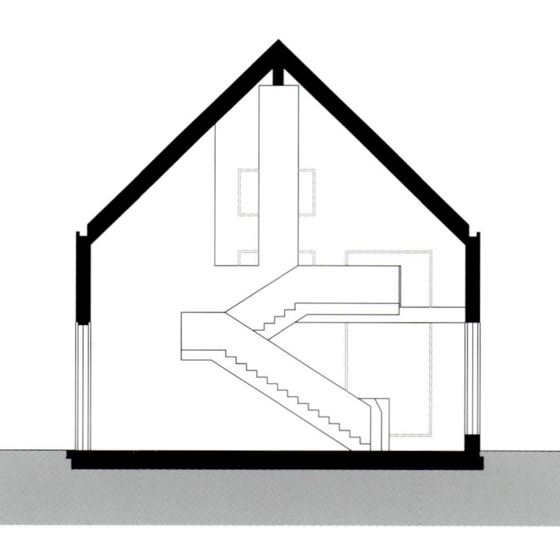

5 Das Brotzeitgebäude bei Dämmerung.

zurückhaltend und doch selbstbewusst, schlicht und doch elegant. Die Brotzeit im Ortskern ist vor allem aufgrund ihrer Fassade ein Hingucker. Ihre Klinkerriemchen harmonieren perfekt mit den großen Fensterelementen und deren Farbigkeit. Durch das Zusammenspiel der einzelnen Materialien mit der ausgewählten Inneneinrichtung entsteht eine behagliche Atmosphäre mit hoher Aufenthaltsqualität.

Nach dem Betreten der Brotzeit öffnet sich der Blick bis ins Satteldach. Über die Treppe gelangt man in das zweite Geschoss, welches zusätzliche Sitzmöglichkeiten im kleineren Raum bietet. Von dort aus hat man einen Blick auf den gesamten unteren Bereich des Cafés und erlebt durch den großzügigen Luftraum das Café noch intensiver.

In Zusammenarbeit mit allen Beteiligten wurde das Ziel erreicht, einen attraktiven Anziehungspunkt und Treffpunkt für Jung und Alt in der Ortsmitte zu schaffen.

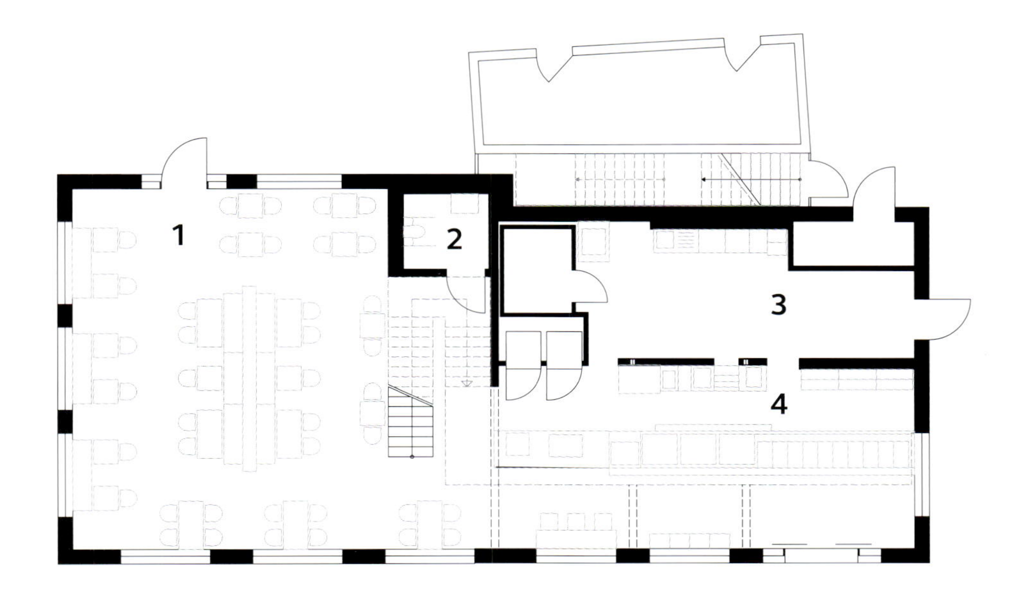

Querschnitt mit Treppenaufgang

Grundriss 1 Gastraum **2** Toilette **3** Vorbereitung **4** Verkauf

Metzgerei Wanke

Auftraggeber: Familie Wanke
BGF: 100 m²
2017

Schladming (A)

1

Im Weltcuport Schladming befindet sich die Metzgerei und Imbissstube Wanke. Tradition, Heimat, Gastfreundschaft und Genuss haben für die Familie Wanke haben eine tiefe Bedeutung. Der Familienbetrieb geht bis ins Jahr 1933 zurück. Schon in sehr jungen Jahren und damals als jüngster Fleischermeister der Steiermark übernahm Alois den Betrieb von seinem Vater. 2017 entschied sich die Familie für ein neues Erscheinungsbild mit einem Fokus auf Funktionalität und Gemütlichkeit.

Das Raumkonzept setzt sich aus zwei Räumen zusammen, welche mit Hilfe einer Schiebetür abgetrennt werden können: Verkaufsraum und Stube. Ein langer erhöhter und massiver Eichenholztisch gegenüber der Verkaufstheke ist der Blickfang beim Eintreten. Eine Mischung verschiedener Barhocker und schwarzer Leuchten aus Metall in Form von Zylinderhüten, setzen die Situation

innenarchitektur stranger

Schwab Kühlung
Fotos: Matthias Fritzenwallner / matthias-fritzenwallner.at

1 Der Verkaufsraum wird durch ein Farbkonzept mit dunklen Wänden und hellem Holz gegliedert.

2 Der lange, erhöhte und massive Eichenholztisch ist Treffpunkt für Einheimische und Touristen.

3 Die Stammtischecke bietet viel Platz und Privatsphäre.

4 Fotogalerie über dem Stammtisch in der Stube mit der Geschichte der Metzgerei.

5 Das Farbkonzept ermöglicht eine Präsentation der Produkte vor einer dunklen Wand.

6 Zonierung entsteht durch Materialität, Licht, Farbe und unterschiedliche Raumhöhen.

7 Der bestehende Fliesenboden und die alten Leuchten blieben erhalten und mit Neuem vereint.

Schnitte durch Stube und Verkaufsraum

Grundriss **1** Stube
2 Verkaufsraum

5

6

7

in ein auffälliges Licht. Der vier Meter lange Holztisch bildet den kommunikativen Treffpunkt für einen Imbiss oder einen schnellen Kaffee.

Großes Augenmerk wurde auf die Präsentation der Fleisch- und Wurstwaren gelegt. Wichtig ist das Farb- und Lichtkonzept. Dunkle Wände setzen die Produkte in Szene, als Gegenpol dient helles Tannenholz der Gemütlichkeit.

Die alten Hängeleuchten wurden aufpoliert und wiederverwendet. Auch der Fliesenboden blieb erhalten. Anliegen der Innenarchitekten war, das Alte mit dem Neuen zu vereinen.

Die Stube ist schlicht und gemütlich, mit natürlichen Materialen, die Decke zum Teil aus sägerauhem Tannenholz, Sitzbänke aus Lodenstoff und Lederstühle, die an alte VW-Autositze erinnern.

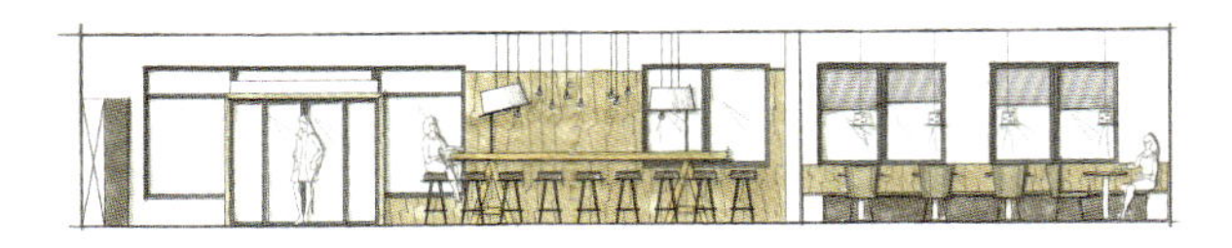

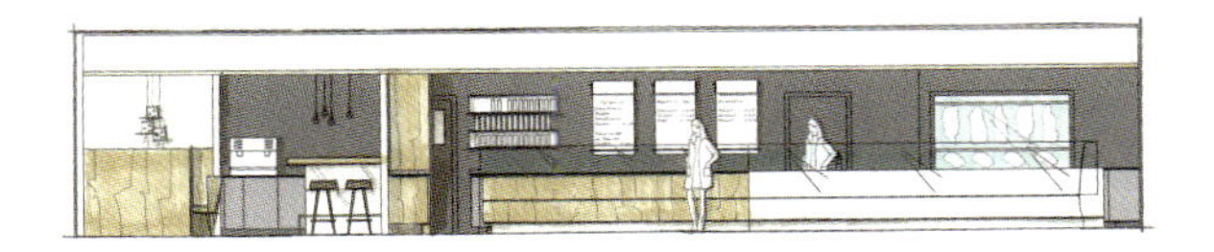

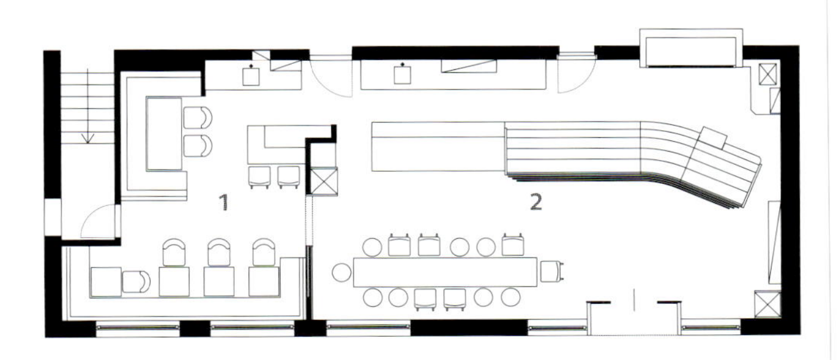

Rewe Christian Märker

Auftraggeber: Rewe Markt GmbH
BGF: 2700 m²
2017

Ginsheim-Gu

1

Mit der Stadtkernentwicklung und Neugestaltung des Ortskerns von Gustavsburg entstand an exponierter Lage auch der neue Rewe-Markt.

Der zweistöckige Bau, mit auskragendem Obergeschoss und abgerundeten Ecken, liegt an der Hauptverkehrsachse entlang der Darmstädter Landstraße. Er unterstreicht mit seiner markanten Form und dem Nutzungsmix den verstärkt städtischen Charakter dieser Straße.

Im oberen Geschoss befinden sich neben Funktionsräumen des Supermarkts noch zusätzliche, gewerblich genutzte Einheiten, um so das innerstädtische Versorgungsangebot zu stärken. Dazu zählen beispielsweise Büro- und Praxisräume. Das Obergeschoss hebt sich farblich und strukturell vom schwarzen Sockelgeschoss ab.

Heidacker Architekten

avsburg (D)

Fotos: Hans Ringenier

2

3
4

1 Der neue Rewe-Markt ist Teil der Stadtkernentwicklung und passt sich in den modernen Ortskern ein.

2 Die abgerundeten Ecken sind ein charakteristisches Merkmal des Gebäudes.

3 Der üppig bestückte Verkaufsraum bietet eine große Oost- und Gemüseauswahl.

4 Die zentrale und straßennahe Lage macht den Laden zu einer vitalen Anlaufstelle.

5 Im eingebauten Café mit kleinem Außenbereich können sich die Kunden stärken.

Grundriss **1** Kundenparkplatz **2** Café **3** Verkaufsraum **4** Anlieferung

Aufriss

Schnitt

5

Neben den 1.300 Quadratmetern großen Vollversorger mit exzellenter Fleisch- und Frischfischtheke entstand ein Café mit überdachtem Außenbereich. Der vollverglaste Backshop ist absichtlich etwas eingerückt und erweitert hier den öffentlichen Bereich des Bürgersteigs.

Die überdachte Terrasse mit kleinem Sitzbereich vor dem Café belebt die Eingangssituation. Sie lädt zum Verweilen ein und bildet einen schönen innerstädtischen Treffpunkt für alle Bewohner im Stadtkern von Gustavsburg. Die Glasfassade gewährleistet eine natürliche Beleuchtung und eröffnet dem Besucher den Blick in das Gebäudeinnere.

Das gesamte Gebäude ist auf Funktionalität und die Anpassung an die städtische Umgebung ausgerichtet.

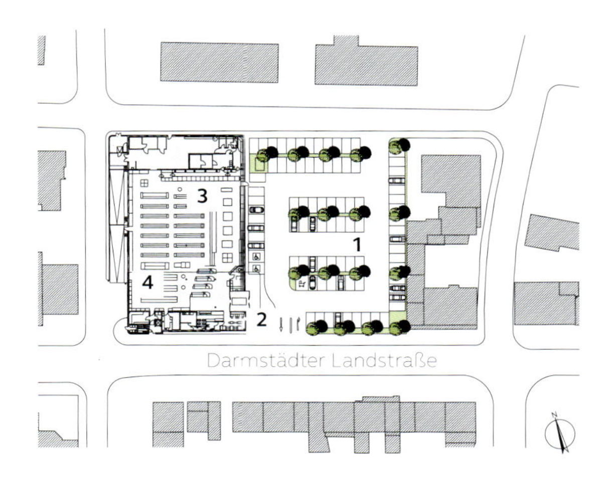

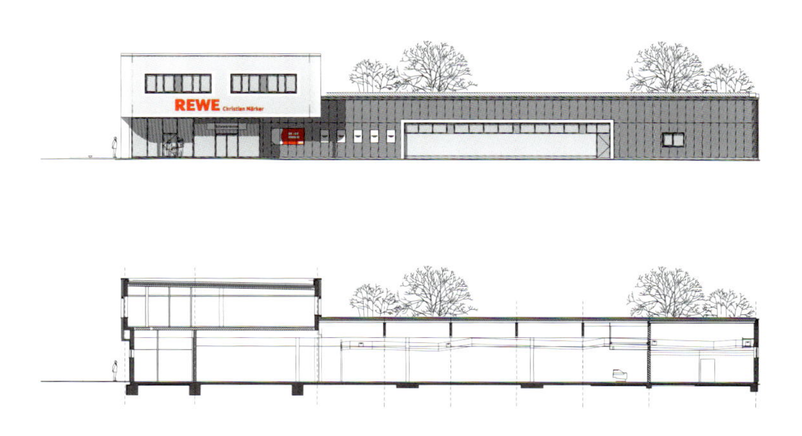

Arends Backbar

Auftraggeber: André Arends
BGF: 185 m²
2018

Neuenhaus (D)

Die Reaktivierung der stillgelegten Strecke von Bad Bentheim nach Neuenhaus war der Grund für die Sanierung des Bahnhofs und für Bäckermeister und Betriebswirt André Arends der Anlass im neuen Bahnhofsgebäude eine Filiale zu eröffnen. Heute ist die Bahnhofsbäckerei der Bäckerei Arends in Neuenhaus bei Nordhorn keineswegs eine Durchgangsstation, sondern vielmehr Zielort für Entspannung, Mittagspause und gemütlichen Einkauf.

Dem Unternehmer war wichtig, nicht nur eine funktionale Bäckereifiliale zu haben, sondern Angebot und Ausstattung an die Gegebenheiten anzupassen. Als gestalterisches Konzept sollte das Thema Bahnhof auch in der Filiale aufgegriffen werden. Mit Böschen Ladenbau fand Arends einen Partner, der dies in einem Fernwehambiente umzusetzen wußte. Alte Eisenbahnmotive, Sitzabteile mit Kofferablagen im Cafébereich, nostalgische Bahnhofsuhren und angedeutete Zugfenster an der Wand setzen das Gestaltungsonzept pragmatisch um.

Um den Eindruck nicht zu historisch werden zu lassen, ergänzte das Designteam Böschen das Leitthema mit aktuellen Industrieelementen und wertigen Materialien. Schwarzer Stahl und Industrieleuchten geben dem romantischen Eisenbahnlook zusammen mit Echtholztischplatten und bunten Stühlen eine moderne Ausrichtung. So ist die Bahnhofsbäckerei zum beliebten Anlaufpunkt des Viertels geworden. Ob Frühstücksverabredung mit Freunden oder Mittagessen mit Kollegen – in der Backbar machen nicht nur Neuenhauser gern Station.

Böschen Ladenbau

Fotos: Gabriele Tinscher / www.gt-photographie.de

2

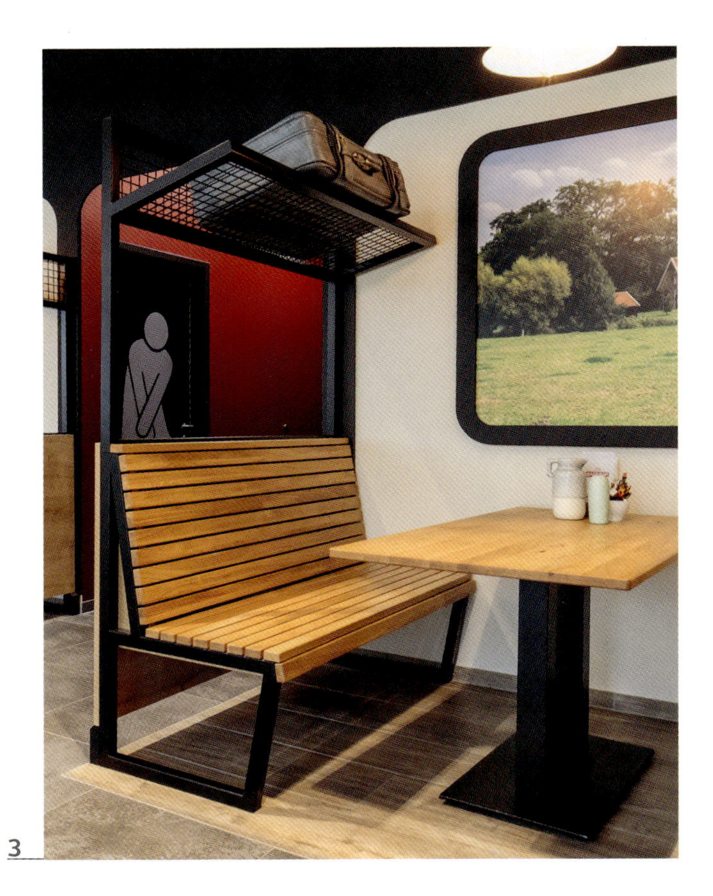
3

4

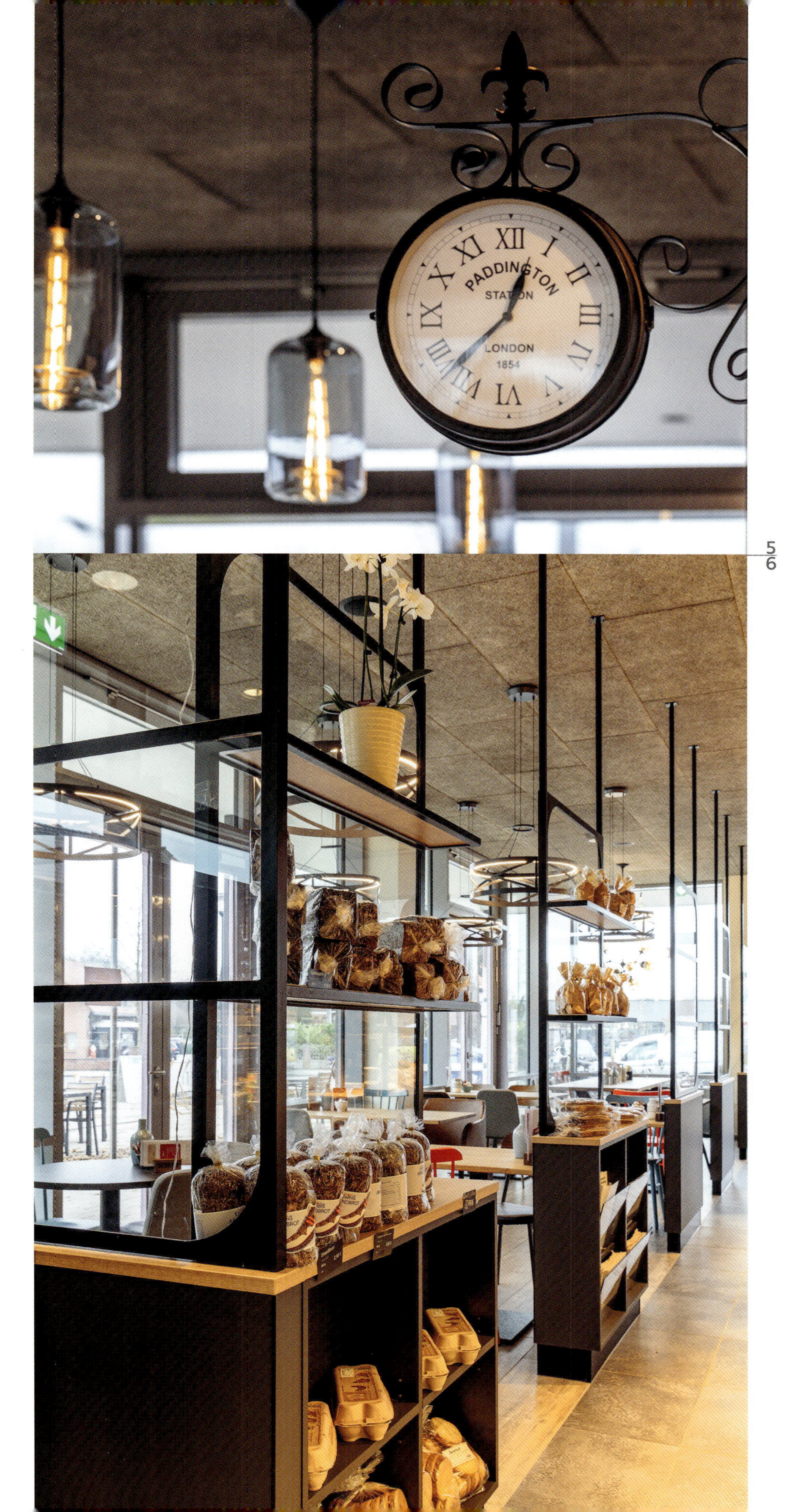

5
6

1 Auffällige Leuchten in zeitgenössischem Industriedesign rhythmisieren die Theke.

2 Die warme Beleuchtung trägt zur angenehmen Atmosphäre der Backbar bei.

3 Das Bahnhofsthema wird durch Sitzabteile mit Kofferablagen und angedeuteten Zugfenstern aufgegriffen.

4 Die Arends Backbar schließt direkt an das erhaltene Bahnhofsgebäude an.

5 Eine historisierende Bahnhofsuhr bildet den Blickfang im Verkaufsraum.

6 Ein markantes Merkmal der Einrichtung ist die Verwendung von schwarzem Stahl und Echtholz.

Eurospar

Auftraggeber: Spar
BGF: 2300 m²
2015

Ried im Innkreis (A)

Der bestehende Sparmarkt in Ried wurde abgerissen und ein Neubau errichtet. Entwurfsziel war, die Marke Spar an diesem Standort neu und zeitgemäß zu positionieren. In einem städtebaulich heterogenen Umfeld sollte sich der Unternehmensgeist in gebauter Form manifestieren.

Der neue Eurospar nutzt die engen Grenzen des Baufelds optimal aus. Das Gebäude ist als Großform konzipiert um damit im kleinteiligen Umfeld als Landmarke wahrgenommen zu werden. Die Gebäudeform erklärt sich aus einem nahezu rechteckigen Kubus, dessen Eingangsfront, in Abstimmung auf die bestehende Einfahrt, eingedrückt ist. So entstand ein gedeckter Eingangsbereich unter dem Vordach. In Reaktion auf die Ecklage sind die beiden straßenseitigen Fassaden über Eck abgerundet und damit zu einer langen Front mit entsprechend präsenter Wirkung vereint.

1

archinauten | dworschak + mühlbachler architekten

Fotos: Mark Sengstbratl / www.mark-sengstbratl.net

2

1 Die Glasfassade und die Lichtgestaltung machen den Eurospar zu einem Blickfang.

2 Das Flachdach kragt über dem Eingangsbereich aus.

3 Blechpaneele zieren die Außenfassade des ganzen Gebäudes.

4 Der Baukörper scheint durch eine zurücktretende Fuge über dem Gelände zu schweben.

3

4

5

6

Die Fassade aus Blechpaneelen mit geschwungenen Stehfalzen erinnert an einen Vorhang, der das Gebäude umhüllt und ihm ein ungewöhnliches Erscheinungsbild verleiht.

Die auffällige Lichtgestaltung, welche die Farben des Firmenlogos aufgreift, wird in das Design des Eingangsbereichs übernommen.

Im Inneren erwartet den Kunden eine großzügige Markthalle mit fünf Metern Raumhöhe, die abgesehen von den Warenregalen keine Einbauten aufweist. Die Aufgabenstellung bestand darin, ein Gesamtkonzept zu entwickeln, in dem die Ware im Vordergrund steht, während der Charme der Halle erlebbar bleibt. Materialien und Farben sind zurückgenommen, betonen das Natürliche und bieten den Produkten eine perfekte Umgebung.

5 Die irregulären Abstände der Stehfalze lassen die Paneele wie einen Vorhang wirken.

6 Das Eingangssituation zeichnet sich als roter Torbogen in der gläsernen Fassade ab.

Grundriss **1** Einfahrt **2** Parkplatz **3** Gedeckter Eingangsbereich

Strehles deli.bioladen

Auftraggeber: Torsten Strehle
BGF: 200 m²
2016

Rosenheim (

Strehles deli.bioladen steht für gesundes, vegetarisches bis veganes Essen aus kontrolliert biologischer Landwirtschaft, größtenteils regional bezogen, kreativ gedacht und täglich frisch zubereitet. Es betreibt auch einen kleinen, integrierten Laden, der den Kunden ein ausgesuchtes Sortiment an biologischen Lebensmitteln für eigene Kreationen zum Mitnehmen bietet.

Entwickelt wurde in ganzheitliches Farb- und Kommunikationskonzept, das auf einem eigenen Gütesiegel basiert, um diese Haltung über den Geschmackssinn hinaus in allen Facetten widerzuspiegeln. Das 810-Biosignet inszeniert die Bioqualität des Deli und Bioladens auf spielerisch individuelle Art und Weise und vermittelt sie nachhaltig in Printmedien und Interieur.

1

designbüro x-height

Lichtgestalter: bombillas lichtkultur
Fotos: Stef[illegible] Loeber

STREHLES
BIO

2 | 3

Apfel-karotte
BIO
STREHLES
Brokkoli Mango-Salat

5

6

Frischer Tagessaft
Tages-Smoothie
Goldmilch
Grüner Kaffee

7

4

8

1 Innenansicht der weiß gefliesten Theke mit einsehbarer Küchenzelle.

2 Detailansicht der vegetarischen bis veganen Küchenkreationen.

3 Detailansicht des kontrastreichen Farbkonzepts von schwarz, weiß und den natürlichen Farben der biologischen Lebensmittel.

4 Im Innenraum heben sich die hellen Holzregale von den dunklen Wänden ab.

5 Detailansicht der Sortimentsschilder.

6 Eine täglich frische Zubereitung größtenteils regional bezogener Produkte steht im Vordergrund.

7 Theke mit Warenpräsentation.

8 Hellgrüne Akzente im Innenraum beleben das ganzheitliche Farbkonzept.

Nachhaltiger Supermarkt

BGF: 2500 m²
2011

Wangen (

1

Das Markt- und Belichtungskonzept von Wochenmärkten und Markthallen diente dem Supermarkt in Wangen als Vorbild. Um Tageslicht durch senkrechte Öffnungen in das Gebäude zu bringen, wechseln sich hohe und niedrige Deckenbereiche ab. Der Markt wird mittels Oberlichter natürlich belichtet, was den Stromverbrauch deutlich reduziert. Das Gebäude sollte möglichst wenig Energie, sowohl in der Herstellung als auch im Betrieb, verbrauchen. Eine Hülle mit guten Wärmedämmwerten schützt ihn vor Witterungseinflüssen und gewährleistet ein gleichmäßiges Klima. Eine zentrale CO_2-Kühlanlage vermeidet aufheizende Abwärme im Markt selbst und verbraucht rund 15 Prozent weniger Energie als konventionelle Lösungen. Die Abwärme aus der Kühlung wird zur Heizung und Warmwassererzeugung benutzt.

Da die Höhe der Regale auf 1,60 Meter beschränkt wurde, können sich die

Schiller Architektur BDA

Fotos: Brigida Gonzalez

1 Die Obstabteilung neben dem Eingansbereich des Marktes bietet einen weiten Blick in den Raum.

2 Die Kühlanlagen des nachhaltigen Marktes verbrauchen weit weniger Energie als konventionelle Lösungen.

3 Vom Cafe des Markts hat man eine schöne Aussicht auf die Schwäbische Alb.

4 Das Erscheinungsbild des Markts wird durch die Materialien Holz und Stahl bestimmt.

5 Die hohen und niedrigen Deckenbereiche fördern den Einfall von Tageslicht.

6 Ansicht des Supermarkts in der Abenddämmerung.

7 Der große Eingangsbereich ist mit den gleichen Materialien wie der Innenraum gestaltet.

5

6

7

Kunden in einer angenehmen Atmosphäre schnell orientieren. Die Wände und das Tragwerk, das den Verkaufsraum auf 34 Metern stützenfrei überspannt, bestehen aus Holz und Stahlprofilen. Sie bestimmen das Erscheinungsbild. Durch die verwendeten Materialien wurde die Bauzeit auf sechs Monate zwischen Spatenstich und Eröffnung reduziert.

An den Eingangsbereich gliedern sich Café, Bäckerei und Kassenzone an.

Café und Terrasse des Marktes bieten einen schönen Ausblick auf Obstbaumwiesen und die Schwäbische Alb, was sie vom normalen Image eines Supermarktcafés abhebt. Der Betreiber und Bauherr brachte neben seiner großen Unterstützung auch außergewöhnliche, marktkonzeptionelle Ideen – wie einen Getränkekühlraum und eine Drive In-Bäckerei – mit ein.

Bäckerei Göing

Auftraggeber: Thomas Göing
BGF: 95 m²
2015

Hannover (D)

Die Traditionsbäckerei Göing sollte ein neues Image bekommen. Hierbei ließen sich die Architekten, was das Material betrifft, vom traditionellen Bäckereihandwerk inspirieren.

Der Tresen aus gebrannten Ziegeln erinnert an einen alten Ofen und somit an den Prozess des Brotbackens. Er dient als Fundament für die gläsernen Verkaufsvitrinen, in denen die frischen Backwaren auf Holzauslagen präsentiert werden. Der geschwärzte Stahl soll an metallene Backformen erinnern. Dieses Motiv wurde auch in das übrige Interieur des Ladens übernommen. Sowohl Tische als auch Stühle greifen die dunkle Farbgebung auf. Weiteres Gestaltungselement ist eine Gitterstruktur oberhalb des Tresens, die in ihrem Design an klassische Bäckerkörbe angelehnt ist.

Sowohl der Innen- als auch Außenbereich bieten viele Sitzmöglichkeiten. Durch eine Glasfront wird die warme Lichtsetzung im Inneren durch natürliches Licht von außen ergänzt.

Sitzgelegenheiten am Fenster ermöglichen den Ausblick auf das geschäftige Treiben und so wird die Bäckerei zu einem urbanen Bindeglied zwischen Hektik und Ruhe.

studio karhard

Fotos: Stefan Wolf Lucks / www.stefanlucks.com

1

2 | 3

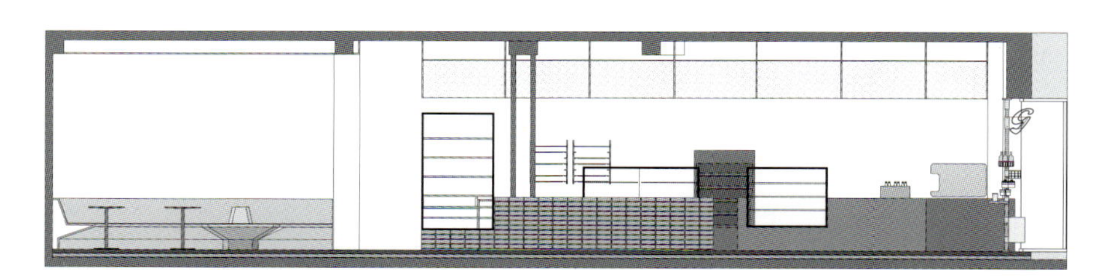

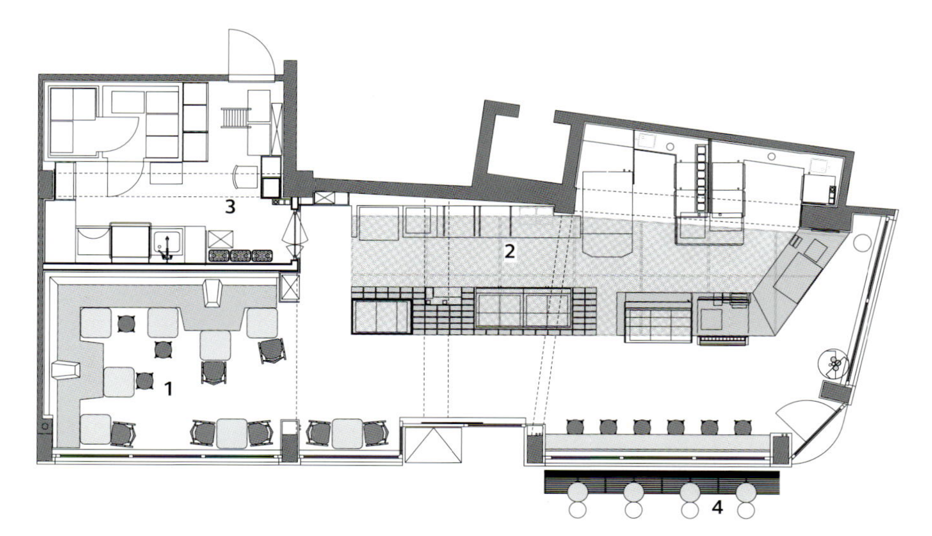

Schnitt durch den Verzehrbereich und entlang der Verkaufstheke

Grundriss **1** Verzehrbereich **2** Verkaufstheke **3** Backstube **4** Verzehrbereich außen

4

1 Die Inspiration für die Innengestaltung ist das traditionelle Bäckereihandwerk.

2 Die frischen Backwaren werden in Glasvitrinen präsentiert.

3 Die Traditionsbäckerei Göing besteht seit 1920.

4 Der geschwärzte Stahl erinnert bewusst an Backfromen.

5 Durch die Glasfront verwischen die Grenzen zwischen innen und außen.

6 Sitzgelegenheiten vor der Bäckerei laden zum Verweilen ein.

7 Die dunklen Materialien werden mit warmer Lichtsetzung kontrastiert.

5

6

7

Pois – natürlich Portugal

Auftraggeber: Pois – natürlich Portugal
BGF: 85 m²
2018

Stuttgart (

1

Das Pois bringt portugiesisches Flair in den Westen Stuttgarts. Auch die Gestaltung des neuen Zuhauses in einer Ladengemeinschaft in der Rotebühlstraße entspricht der hauseigenen Philosophie, ist also besonders, natürlich und nachhaltig. Die Möblierung nutzt Verpackungsmaterial aus Lieferungen – Paletten und Obst- oder Weinkisten – sowie aus teilweise recycelter Ladeneinrichtung vom vorherigen Standort, dem Fluxus, einer temporären, alternativen Shopping Mall. Wandregale entstanden aus Paletten und sind mit einer indirekten LED-Beleuchtung bestückt; ebenso die einfachen Mittelinsel, die, rollbar und mit Lagermöglichkeiten, als Ausstellungs- und Barfläche für Weinproben dient.

Die Theke mit dekorativen portugiesischen Fliesen lässt sich mit einem Hubwagen verschieben und mit weiteren Möbeln kombinieren. Die Rückfront besteht aus gebeizten und aufeinander

Kreation Krehl *Innenarchitektur

Fotos: Benjamin Stollenberg

2

3
4

1 Eine Affenschaukel mit Textilkabeln ist das Hauptelement der modernen, hellen Beleuchtung.

2 Warmes Licht und gute Ausleuchtung der Waren finden hier zusammen.

3 Poís verkauft nachhaltig produzierte Ware von Kleinerzeugern und Landwirten aus Portugal.

4 Die bewegliche Mittelinsel bietet viel Fläche zur Warenausstellung.

5 Frisches Obst und Gemüse unterstützt das bunte Erscheinungsbild des Ladens.

6 In den Regalen finden sich jede Menge portugiesische Spezialitäten.

7 Die Wandregale wurden aus Paletten gefertigt.

Grundriss

5

6

7

abgestimmten Kistenhölzern und Obstkisten, die ohne Logo zugleich rustikal und elegant wirken. Weitere alte, ausgediente und rauchfarbene Gemüsekisten wurden dekorativ arrangiert.

Die Farbgebung in Salbei und Taube sowie die helle und warme Beleuchtung erinnern an die Atmosphäre Portugals.

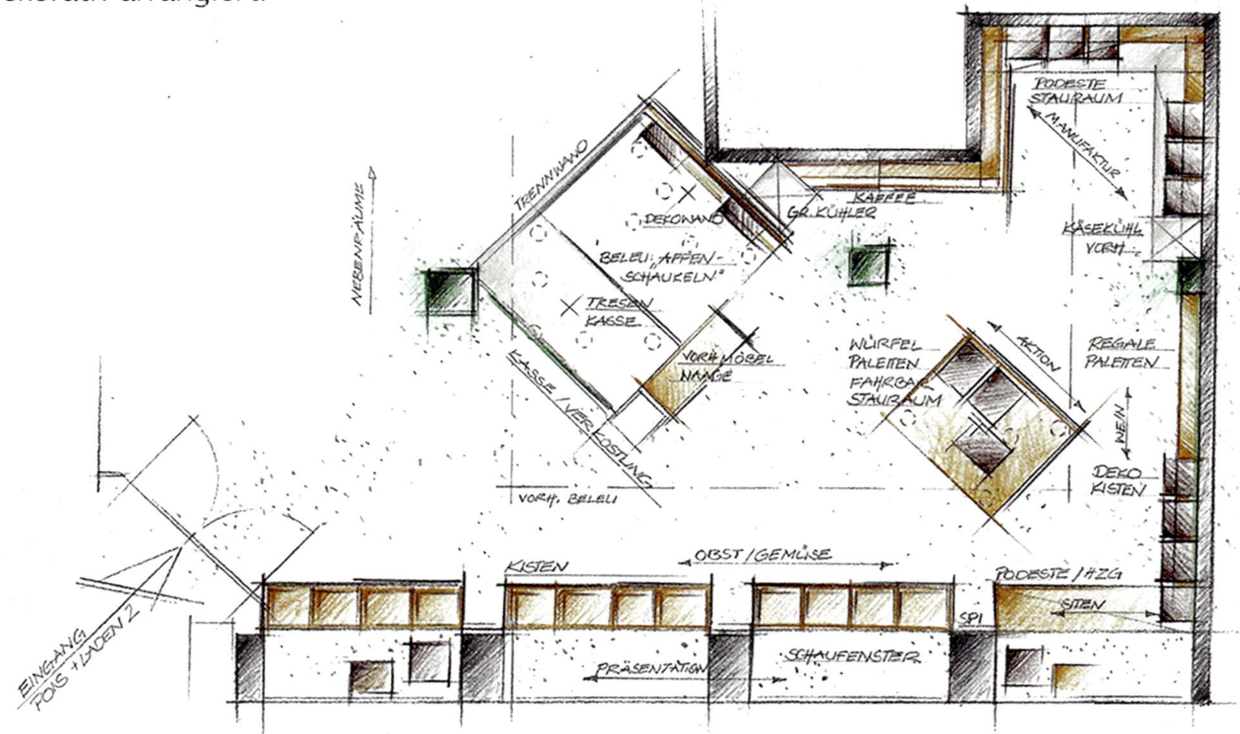

MPreis

Auftraggeber: MPreis Warenvertriebs GesmbH
BGF: 1.215 m^2
2019

St. Gallenkirch (A)

Der MPreis St. Gallenkirch liegt gut einsehbar direkt an der Silvrettastraße auf einem stark abfallenden Grundstück. Die Gliederung des Gebäudes greift diese Situation wieder auf. Auf Ebene der Landesstraße befindet sich leicht erhöht der Markt, alle dienenden Funktionen sind in den abfallenden Hang geschoben. Auf diese Weise fügt sich der Markt gut in die bestehende Bebauung ein. Zwei horizontale Betonscheiben strukturieren das Gebäude; sie bilden Boden und Decke des Markts und schweben über dem abfallenden Gelände. Ausgehend von diesen horizontalen Scheiben gliedert sich der Baukörper in drei Bereiche.

Vom überdachten Außenbereich, mit Bushaltestelle und Lichthof, gelangt man in den offenen, transparenten Eingangsbereich mit daran angeschlossenem Café und vorgelagerter Terrasse.

1

obermoser arch-omo zt gmbh I architektur

Fotos: Lukas Schaller / www.lukasschaller.at

1 Das Gebäude fügt sich durch den Bau am abfallenden Hang gut in die Umgebung ein.

2 Der Markt wurde gut erreichbar direkt an der Landstraße gebaut. Es ist nicht erkennbar, dass sich der Markt an einem abfallenden Hang befindet.

3 Vom überdachten Lichthof mit Bushaltestelle gelangt man in den Eingangsbereich.

4 Im Erdgeschoss des Gebäudes befindet sich der Markt mit Café, im Untergeschoss das Parkdeck.

5 Der Markt besitzt ein großes Angebot an Feinkost.

6 Das Café Baguette befindet sich direkt neben dem Eingangsbereich.

7 Durch eine Treppe gelangt man direkt von dem Markt zum Parkdeck im ersten Untergeschoss.

Grundriss **1** Verkaufsraum **2** Eingangsbereich **3** Café

Querschnitt des Markts oberhalb des Parktdecks

5

6

7

Hier bieten großzügige Glasflächen gute Ein- und Ausblicke und dienen als einladendes Schaufenster.

Die Verkaufsfläche des Marktes ist hingegen ein nach außen geschlossener Raum mit dunklen Wänden, der die Aufmerksamkeit des Kunden auf die angebotenen Produkte lenkt und diese in den Mittelpunkt stellt. Das Ende des Verkaufsraums bildet die, mit 3D-Spiegelblech verkleidete Feinkostrückwand, die mit sich ständig ändernden Reflektionen die Produkte für den Kunden abstrakt in Szene setzt.

Die prägenden Materialien des Marktes – Beton, Stein, heimische Weißtanne und Glas – sind der Umgebung entliehen und modern interpretiert.

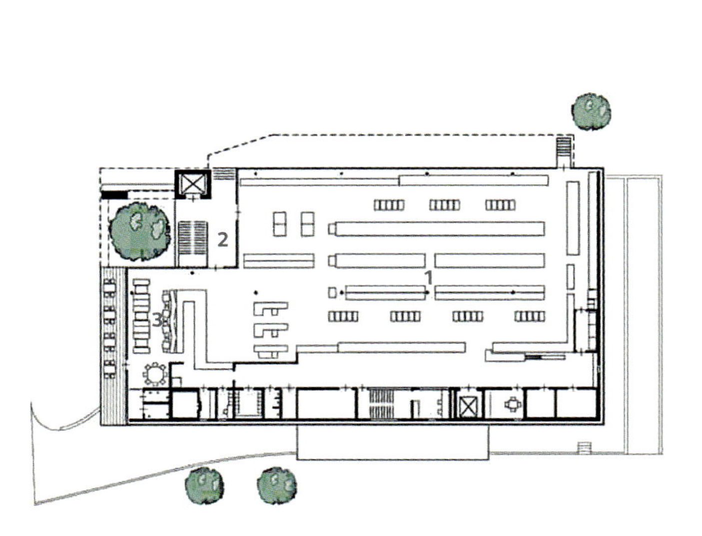

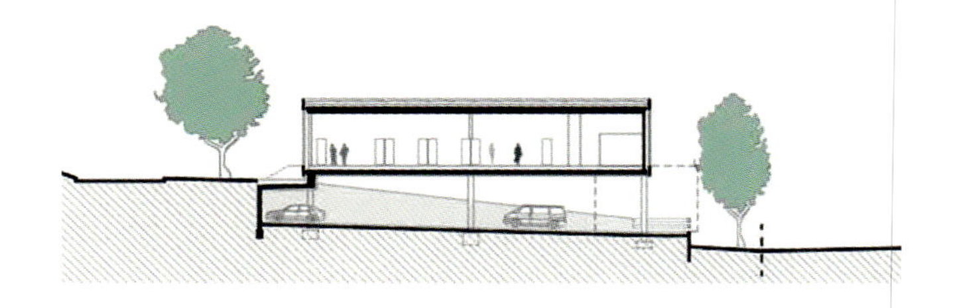

Bäckerei Konditorei Kreidl

Auftraggeber: Familie Gastager
BGF: 134 m²
2019

Ruhpoldir

Für Kristina Gastager stand von Anfang an fest, dass ihr Laden eine eigene Handschrift zeigen muss. Inzwischen ist die Bäckerei Kreidl über130 Jahre im Familienbesitz und so will man sich ganz bewusst von Filialisten abheben und als die kleine Bäckerei am Markt positionieren.

Das Erscheinungsbild des Ladens spielt dabei eine zentrale Rolle. Familie Gastager entschied sich bewusst gegen zu große Anklänge an einen alpenländischen Stil wie grölende Hirsche oder übermäßigen Holzgebrauch. Holz ist zwar ein bestimmendes Element im Laden, doch ist es geschickt mit der transparenten Tischtheke und Materialien wie Eisen und Naturstein kombiniert. Aufgabe des Ladenbauers Schrutka-Peukert war deshalb vor allem genau zuzuhören und Ideen, die die Familie auch aus Reisen nach Frankreich, Italien oder Dänemark

1

Schrutka-Peukert

Innenarchitektur: Obermeier – Ideen-Zeichen-Werkstatt
Fotos: Schrutka-Peukert / www.schrutka-peukert.de

2

3

bezogen hatte, aufzugreifen. Es sollte ein warmer Industrielook entstehen der von den Reisen mitgebrachte Utensilien einbezog. Aber auch ein regionaler Bezug wurde mit dem Holz einer 130 Jahre alten Esche geschaffen, das für eine große Tischplatte Verwendung fand. Restbestände des nicht mehr abgebauten Ruhpoldinger Marmors finden sich im Fußboden und einem Wasserbecken.

Das selbstbewusste Ladendesign geht ganz neue Wege. Das zeigt sich unter anderem an der nicht abgehängten Decke bei der die Rohre sichtbar bleiben und an der dunkle Farbe die Wärme ausstrahlt. Dabei zeigen Umsatzzahlen und begeisterte Kunden, dass Auftraggeber und Ladenbauer mit dem stilistischen Konzept und der Verschmelzung von Funktionalität und Design den richtigen Weg gegangen sind.

Grundriss 1 Theke **2** Sitzbereich **3** Lagerraum

4
5

1 Das auf die Einrichtung abgestimmte Beleuchtungskonzept setzt die schönsten Details gekonnt in Szene.

2 Das Aufeinandertreffen von antikem Marmor, historischem Bildmaterial und prägnanter Eigenwerbung bildet ein modernes Storytelling.

3 Natürliche Werkstoffe, Storytelling und Detailverliebtheit wurden auch im Sitzbereich konsequent durchgesetzt.

4 Die Ladeneinrichtung spiegelt den Charakter des Betreibers wieder.

5 Konsequente Konzeptumsetzung bis ins Detail: So wird aus einem Raumtrenner ein Einrichtungshighlight.

Markthalle Panzerhalle

Auftraggeber: Pranzerhalle
BGF: 800 m²
2015

Salzburg (A

In der Halle wurden einst Panzer und Material für den Kriegseinsatz produziert. Für ihre Wiedergeburt als Markthalle wurden zwei unterschiedliche Aspekte herausgearbeitet: die Übernahme des industriellen Charmes und die Neuinterpretation der Markttypologie.

Die vorherrschenden Elemente in der Struktur sind weiße Container. Sie sind günstig und schaffen nicht nur eine Industrieatmosphäre, sondern durch geschickte Schichtung, Stapelung und Reihung auch Räume unterschiedlicher Höhe und Dimension.

Für ein irritierendes Raumbild wurden zwischen den Containern Spiegel und Fliesen an der Decke angebracht, die die wahren Dimensionen des Raums erst bei genauerem Hinsehen wahrnehmbar machen. Die unterschiedlichen Größen der Container – die teils halbiert sind und als bloße Objekte von oben hängen, teils als kleine Läden oder Raumteiler eingearbeitet sind – geben den Rhythmus des Raums vor. In ihnen findet sich auch die mechanische und elektrische Ausrüstung des Gebäudes, wie zum Beispiel die Lüftungsanlage. Keramikfliesen wiederholen sich in zahlreichen Variationen und bilden ein ladenübergreifendes Ausstattungselement.

Jeder Verkäufer hat Zugang zu individuellen Ausstellungsflächen auf Regalen aus verwittertem Stahl oder aufwendigen Holzkonstruktionen. Neben Vitrinen, Regalen und Präsentationsflächen kommen Tische in unterschiedlicher Höhe zum Einsatz, so dass auch Arbeitsräume oder Servicebereiche individuell gestaltet werden können. Man kann sich anlehnen, stehen oder sitzen – klassische Arbeitsplatten sind hingegen nirgendwo zu finden.

Fotos: Tobias Colz / www.frame9.at

1

2 | 3

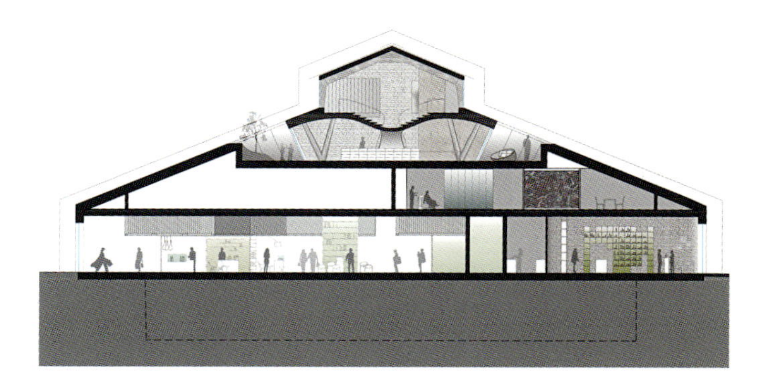

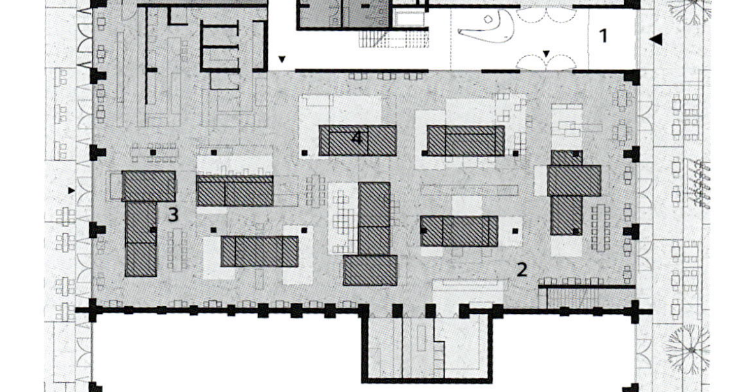

Querschnitt

Grundriss **1** Empfangsbereich **2** Bäckerei **3** Bar und Frühstücksbereich **4** Container

4

1 Die Container sind das zentrale Element der Architektur und evozieren einen rustikalen Industrielook.

2 Spiegel und Fliesen sollen das Raumempfinden bewusst verzerren.

3 Die schwarz-weißen Mosaiken sind sowohl Augenfang als auch Bindeglied in der Raumgestaltung.

4 Die zahlreichen Läden in der Halle heben sich durch ein individuelles Design voneinander ab.

5 Die Container können vielerlei Funktionen übernehmen, so beinhalten sie auch die elektrische Ausstattung.

6 Container können auch als Regalfläche genutzt werden.

7 Die Panzerhalle lädt durch ihre Architektur zum entdecken und verweilen ein.

5

6

7

Das Brot.

Auftraggeber: Autostadt GmbH
BGF: 170 m²
2013

Wolfsburg (D)

1

Das Design der Brotmanufaktur verfolgt die Grundidee „Vom Feld zum Ladentisch.“ Bei der Umsetzung hat die Autostadt in Wolfsburg in enger Zusammenarbeit mit dem Kreativbüro Designliga großen Wert auf nachhaltig erzeugte Materialien und traditionelle Handwerkskunst gelegt.

Die klare und funktionale Backstube geht fließend in einen warmen, häuslichen Gastraum über. Dessen Zentrum bildet ein langer Tisch, an dem die Gäste gemeinsam essen. Darüber vermittelt der Gipsabdruck eines Satteldachs den Eindruck eines imaginären Hauses und strahlt Gemütlichkeit aus.

Offene Regale, die an Fachwerkskonstruktionen erinnern, verstärken die warme Atmosphäre. Hinter dem Verkaufstresen sorgen sie für Transparenz, indem sie den Gästen den Blick in die Backstube ermöglichen.

Designliga Architekten

Fotos: Pascal Gambarte

2 | 3

1 Verkaufs- und Gastraum sind eine harmonische Einheit.

2 Die frische Backware wird auf offenen Holzregalen präsentiert.

3 Über dem Esstisch verstärkt der Gipsabdruck eines Satteldachs die häusliche Atmosphäre.

4 An einem gemütlichen Regaltisch mit Sitzbank können sich die Gäste niederlassen.

5

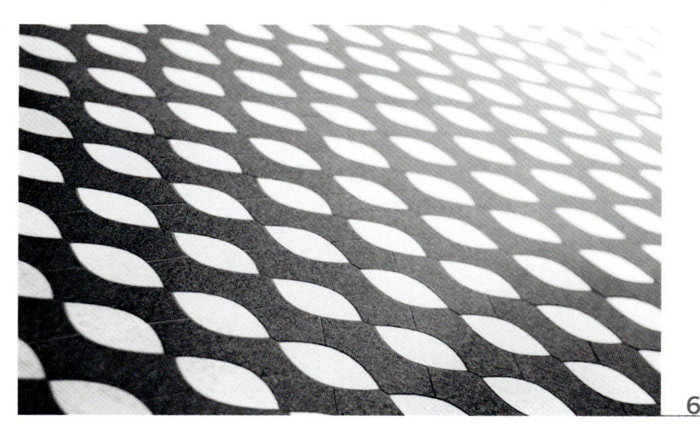

6

7

4

Das Bodenmosaik bildet den gesamten Prozess vom Getreide auf dem Feld zum Brot auf dem Ladentisch durch unterschiedliche, ineinanderfließende Symbole ab: Das Muster entwickelt sich vom Feld über das Korn zum Mehl. Dieses wiederum verbindet sich symbolisch mit Wasser und wird schließlich zum Brot.

Bedingungslose Qualität in der Ausführung ist elementarer Bestandteil des Designs der Brotmanufaktur. Dem traditionellen Arbeiten in der Backstube vergleichbar wurde bei der Gestaltung der Brotmanufaktur auch auf alte Handwerkskunst gesetzt. So kamen Mosaikleger, Stuckateure und Korbflechter bei der Umsetzung zum Einsatz und haben einen Ort geschaffen, an dem Sachlichkeit, Gemütlichkeit und Qualität zusammenwirken.

5 Ein Fenster ermöglicht den Blick in die Backstube.

6 Ein großflächiges Mosaikmuster überzieht den gesamten Boden.

7 Der große, hölzerne Esstisch bildet das Herz des Gastraums.

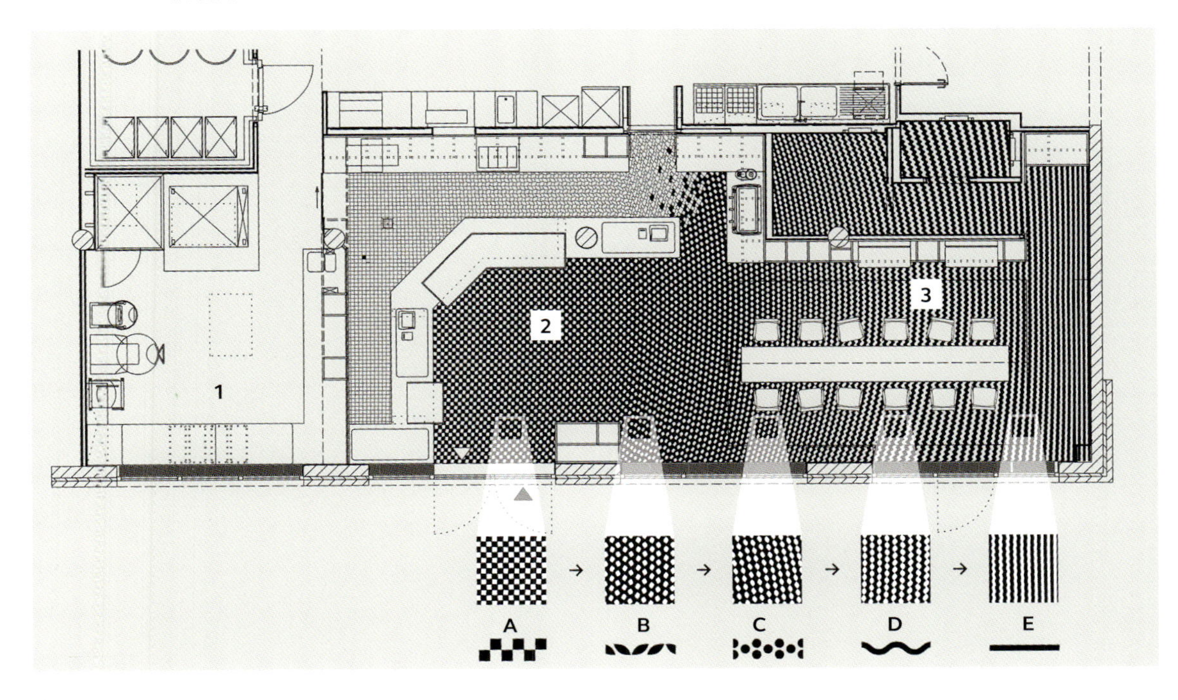

Grundriss **1** Backstube **2** Verkaufsraum **3** Gastraum mit Bodenmosaik mit den Mustern für **A** Feld **B** Korn **C** Mehl **D** Wasser **E** Brot

Floris van Schooten

Frühstück, 1620, Ölfarben auf Holz, 47 × 84 cm, Kröller-Müller Museum, Otterloo

Index Gestalter

AHA 360
www.aha360.com 112
BÄRO GmbH & Co. KG
www.baero.com 32, 70
BAU4 Architekten GmbH
www.bau4.de 98
BBP
www.bbp-kl.de 150
BEHF Architects
www.behf.at 44
BERNER GmbH
www.berner1913.de 52
bombillas lichtkultur
www.bombillas.de 170
Böschen Ladenbau GmbH
www.boeschen-ladenbau.de 162
burnthebunny GmbH
www.burnthebunny.de 62
Büro Hink Landschaftsarchitektur GmbH
www.buerohink.de 112
BWM Architekten und Partner ZT GmbH
www.bwm.at 132
Cedes
www.cedes.info 74, 94, 142
coido architects GmbH
www.coido.de 128
Dennree 16
design hoch zwei 142
designbüro x-height
www.x-height.de 170
Designliga
www.designliga.com 198
Dierig-Architekten 124
dioma ag, Marco Dionisio
www.dioma.ch 108
dworschak+mühlbachler architekten zt gmbh
www.archinauten.com 166
Fügenschuh Hrdlovics Architekten
www.fuegenschuhhrdlovics.com 90
Georg Bechter Architektur+Design
www.bechter.eu 24
grotheer architektur
www.grotheerarchitektur.de 28
Heidacker Architekten
www.heidacker.de 158
Innenarchitektur Stranger
www.innenarchitektur-stranger.at 138, 154
Harald Jäger 142
Jarcke Architekten
www.jarcke.de 78, 112, 150
Jazzunique GmbH
www.jazzunique.de 62
Jungclaus Design
www.jungclausdesign.de 28
Jürgensen & Jürgensen Architekten BDA
www.juergensen-architekten.de 48
Kinzel Architecture
www.kinzel-architecture.de 70
Kreation Krehl *Innenarchitektur
www.kreationkrehl.de 182
Landschaftsarchitekten Bierbaum Aichele
www.bierbaumaichele.de 78
Angelika Mair
www.angelika-mair.com 146
DI Thomas Mennel 24
Messner Architects
www.messnerarchitects.com 146

Michael Architekten
www.michael-architekten.de 16
neun grad architektur
www.9grad.net 20, 56
Next Habitat Architekten
www.nexthabitat.de 116
Obermeier – Ideen-Zeichen-Werkstatt
www.ideen-zeichen-werkstatt.de 190
obermoser arch-omo zt gmbh I architektur
www.arch-omo.at 186
Petzinger
www.petzinger.org 74, 94, 124, 142
Christian Ploderer 44
ppm gmbh
www.ppm-online.com 86
Prader Interior GmbH
www.praderinterior.at 138
Raumkonzepte Wettemann
www.raumkonzepte-rw.de 36
Reichel Architekten BDA PartG mbB
www.reichel-architekten.de 66
RKW Architektur +
www.rkw.plus 40, 82, 102
Schiller Architektur BDA
www.schiller-architektur.de 174
Schrutka-Peukert GmbH
www.schrutka-peukert.de /
www.premium-meat-ager.co 36, 190
smartvoll
www.smartvoll.com 194
SOS-design 124
studio karhard
www.karhard.de 178
wbp Landschaftsarchitekten GmbH 48
wiesflecker-architekten zt_gmbh
www.wiesflecker-architekten.com 120

Index Orte

Fortsezung folgt Neuere Bauten

Bis zur Neuausgabe dieses Bands bieten wir Ihnen eine Zusammenstellung aktuellerer Bauten im Internet unter: www.ffpublishers.de/ff-nahversorgung/ Architekten, Gestalter aber auch Betreiber, die ihre Bauten hier gerne präsentieren möchten, können gerne Kontakt mit uns aufnehmen.

Impressum

Die Deutsche Bibliothek verzeichnet diese Publikation in der Deutschen Nationalbibliografie; detaillierte bibliografische Informationen sind im Internet unter http://dnb.d-nb.de abrufbar.
ISBN 978-3-945539-16-3

www.ffpublishers.de

Erste Auflage 2020

Projektkoordination:
Redaktionsbüro van Uffelen
Redaktion und Satz:
Linda Groß, Sylvia Gatzka, Michael Bungart, Carlotta Schmid
Layoutentwurf: Inan Aydin
Repro: Bild1Druck, Berlin

Titelfoto: LGV Gärtnergschäftl, Wien, Foto: Christoph Panzer
Rückumschlag (von oben nach unten): aktiv & irma, Oldenburg, Foto: Meike Hansen / Marenda Brotkultur, Dornbirn, Foto: Adolf Bereuter / Denn's Biomarkt, Kassel, Foto: Axel Hartmann / MPreis, St. Gallenkirch, Foto: Lukas Schaller